紀律的交易者

暢銷典藏版

培養贏的態度，
成功的交易80%靠心理，
只有20%靠技巧

THE DISCIPLINED TRADER

Developing Winning Attitudes

Mark Douglas and
Paula T. Webb

馬克・道格拉斯、寶拉・T・韋伯——著
劉真如——譯

目　錄

CONTENTS

專文導讀／股市不是在你眼前，而是在你心裡……011
推薦序／成功的交易80％靠心理面……017
前言／培養贏的態度……021

第一部分　引言——交易的若干困難……029
如果說「自律」和「情緒控制」是成功的關鍵，但很遺憾的是，它們卻不見得是我們與生俱來的天性，而是我們學習若干心理技巧之後才能掌握這些特性。

第一章　我為什麼要寫這本書？……031
當我「害怕虧損」的心理消失之後，我變得和以前完全不同了，而我看到和體驗到的市場也跟以前大異其趣，就像有人幫我把連我自己都不知道的眼罩拉下一樣。

第二章　從「心」來過！…………047
我們不但天生想創造成就，也想把某種狀況下取得成功的原則，複製運用到所有其他狀況中，卻不常想到有些狀況可能需要運用完全不同的心理力量。

第二部分　交易心理與交易環境的特性…………069
在交易環境中，你做了什麼決定，結果會立刻顯現，你只能改變自己的內心，不能改變其他的一切。你能否創造更多讓你滿意的交易結果，取決於你的心態多有彈性。

第三章　市場絕對正確…………071
如果市場不同意你的信念，不論你的資訊品質和推理過程多「正確」都無關緊要，因為價格會向力量最大的方向走，市場不會在乎你是怎麼想的。

CONTENTS

第四章 盈虧可能永無止盡 075

在任何交易中，你絕不會知道價格會從任一定點波動到多遠。從交易心理的觀點來看，獲利、快樂、力量，乃至於「賺到驚人財富」等想像，是極為危險的事情。

第五章 價格不斷波動，沒有開始和結束 077

要持續一貫的在交易中獲利，你一定要學會讓市場告訴你兩件事：第一，下一步的走勢會如何？第二，盈虧多少才算夠？

第六章 市場環境沒有結構 087

大部分的交易者除了直接拒絕擬定交易計畫外，他們也花費很多精神，在心裡為自己的行為和交易結果之間，盡可能地劃出遙遠的距離。

第七章 市場中，理由無關緊要 099

交易者大多都不知道自己採取行動的原因，事前也不擬定交易計畫，因而消除了自己和交易結果之間的關係。

第八章　蛻變成功交易者的三個階段……107
「相信自己在任何市場狀況下，都能採取適當行動，市場對你不可能造成任何傷害」，學習這一點是交易者培養信心水準、追求獲利的關鍵。

第三部分　建立「了解自己」的架構……125
如果你希望了解市場行為，以便預測市場的下一步行動，那麼你首先必須學習及了解自己行為背後的力量，同時也要掌握自己處理和管理資訊的方式。

第九章　了解心智環境的本質……131
心智能量以信念、情緒等無形的方式存在，但是它卻具有影響我們行為的力量，因此也等於具有「左右外在物理環境」的力量。

第十章　記憶、聯想、信念如何管理環境資訊？……151
當交易獲利時，「害怕虧損」的心理會促使我們，把注意力放在那些市場會奪走我們利潤的資訊上，迫使我們早早出場。反之亦然。

CONTENTS

第十一章 交易者為什麼必須學會「適應」？……179

外界的資訊和選擇隨時都遠超過我們的認知，如果我們不願意承認這一點，我們永遠不會承認或預測到這些「令人更滿意」的可能性。

第十二章 交易者「達成目標」的動力……199

交易可能讓你快速累積暴利，但要保住利潤卻必須有心理力量的支持，而這種支持經常都不存在——交易世界裡有這麼多暴起暴落的悲慘故事，原因就在這裡。

第十三章 如何管理心智能量？……219

當你學會改變內心，藉此體驗不同外在環境的信心指數提高之後，我們面對困難問題的能力也會隨之提高。

第十四章 推動「改變自我」的技巧……233

所謂的「自律」，就是學習用意識去控制行動。自律並非是人們天生具有的稟賦，而是一種特殊的思考方法和心智力量，讓你可以改變和目標衝突的信念。

第四部分　如何成為「紀律的交易者」？……249
當你了解市場行為背後的力量後，可以學會讓市場告訴你該怎麼做，然後學會分辨未受汙染的純粹市場資訊——了解市場資訊開始影響你後，會遭到什麼樣的扭曲。

第十五章　價格波動心理學……251
交易者是市場最基本的構成因素，請記住：交易者是唯一能夠影響價格、造成價格波動的力量，其他的一切都是次要力量。

第十六章　邁向贏家之路的七個心智修練……277
當你愈善於交易，就愈容易了解「交易其實只是一場心智遊戲」而已。有時候你不是在和市場作對，而是在和自己作對。

第十七章　結論……309
若你想靠交易賺更多的錢，就必須找出心中對「攫取最高自我評價」沒有幫助的東西，然後改變或消除這些東西的能量。

專文導讀

股市不是在你眼前，而是在你心裡

本書的內容涵蓋方面甚廣，因為作者在每一篇的解說中試圖從最基礎的觀念講起，然而這個最基礎的東西往往也是讀者感到最陌生之處。為了方便讓讀者能夠快速進入狀況，我先從我自身的經驗開始說起。

我跟一般散戶一樣，初次進場時完全不知道交易者必須要有一套「完整的交易系統」才能進入股市，於是在一九九〇年的那一次萬點大崩盤遭到嚴重挫敗；也因為二十年前那次挫敗，使我了解到必須要學習一個「交易系統」才行，但是我當時並不知道我腦子裡想的交易系統其實只是某個「技術系統」，渾然不知這世界上還有另外一個系統存在——「心智系統」。換言之：**一個健康的操盤手應該懂「兩個交易系統」，一個系統是「技術系統」（可以是俗稱的技術分析，也可以指基本分析）；另一個是「心智系統」**。關鍵在於：在專業操作的領域中（尤其是期貨），你必須要具備兩個系統，而不是只有一個系統！這就好像你想參加F1一級方程式賽車，你不但要有一台性能優越的跑車（技術系統），也應該具備所有優秀賽車手所應該知道的駕駛知識與成熟心理（心智系統）。

我想跟讀者說的是：這市場上九九%的操作者，根本不知道賽車手本人的素質遠比車輛的性能還要來的重要！他們在市場上永遠只在幹一件事，就是：找到一台天下無敵的跑車，然後誤以為只要開的是保時捷或法拉利，即使是不知道轉彎要踩煞車的傻瓜也能夠變成車神。

本書談的就是：怎樣去了解並建立「心智系統」。首先，交易者並不知道「交易市場」跟「一般世界」的不同之處是：**「世界會變成由能量構成的電子脈衝，變成承載資訊、感覺和情緒的能量」**。這意思是說：你觀察到的市場價格變動，會變成融合各種資訊、感覺和情緒的雜燴，存放在你心中。此時的市場不再只是單純的價格跳動，而是存在你心中的一個無形無相的「心靈世界」，這個心智的世界，贏家把它整理的井然有序，而輸家則是像垃圾場一樣亂七八糟。換言之，股市不是在你眼前，而是在你心裡。如果你的知識只能向外看而不能向內看，那一切都完了。

所以，擺在交易者面前的第一個難關，就是他必須認清有兩個系統——市場，以及自己——不是只有一個。但是絕大多數在操作的時候渾然不覺「心智世界」的存在，以致於當他交易遇到挫折的時候都誤以為是「自己使用的方法有問題」，而不知道更嚴重的問題是「自己的心理有問題」，這就好像賽車手每次輸掉比賽以後總是怪自己的車不好，而從來不檢討自己。

交易者怪這個、怪那個，但是就是不會怪自己的心理出問題，於是乎他在操作的時候總是用偏差的心理去看待市場，拒絕承認他接觸到的問題有一大部分其實都是自己心理的問題，**「如果我們拒絕承認，拒絕接受每一個時刻的完美性質，就是拒絕接觸自我改善所必須的資訊」**。所謂「每一個時刻的完美性質」就是指「當下」（看盤或操作的時候）我們遇到的種種技術問題以及心理問題其實不是分開的，而是結合得非常完美，而差別就在你看得到看不到而已。例如說：向上突破某個關卡買進的時候，可能會遇到「害怕買在比較貴的高點」的恐懼，而這個「恐懼感」就是「突破關卡買進法」的副產品，你必須去正視這個恐懼、用「心智系統」去解決「恐懼」，而不是用「技術系統」去解決恐懼！如果你總是想要換個操作法去解決心理問題，就好像得了心臟病的人去吃治療胃病的藥，這樣你的心臟病永遠不會好。

本書在第二部分「交易心理與交易環境的特性」重新為讀者詳細描述了市場的最

重要的幾個特性，其目的是在摧毀讀者舊有的錯誤認知；等到讀者清理出新的空間來接受新觀念之後，將會赫然發現作者要求讀者做到的第一項功課是**「了解心智、了解自己」**。換言之：絕大多數人其實並不了解心智是個什麼東西、也不了解自己在各種環境中會產生什麼樣的反應——就是因為對自己的心理無知，因為不了解「記憶」、「聯想」、「信念」是什麼東西，以致於無法「適應」市場！不能適應市場的後果就是痛苦、不舒服，最後賠錢。但絕大多數的操作者並不知道賠錢是因為「自己不能適應市場」，而誤以為問題全部出在「自己用錯方法」。一般操作者並不知道「為什麼自己無法學到正確方法？」、「為什麼自己無法使用正確方法？」，其根本原因就是因為自己「從頭到尾都沒有適應市場」。

雖然本書在第三部分「建立了解自己的架構」，以及第四部分「如何成為紀律的交易者」提供了一些很好的方法鼓舞讀者實際去發掘問題，像是「向自己提問」、「用寫作推動改變」，但是我認為其中最關鍵的兩個重點在於：**「當下」**與**「適應」**。

「要發現真正的起點，必須接受每種當下的結果都是反映整個個人的事實，這樣我們才能看出自己需要學習什麼技巧。」

如果能夠「接受當下」，才有辦法逐漸「適應」這個市場。如果你不能夠「適應市場」，你就會千方百計去尋找如何逃避交易失敗的技術方法，而伴隨「逃避」這種偏差心理的第一個反應就是「拒絕接受當下」，請注意：這是在逃避問題，而不是在解決問題。這就好像有個人開車撞到了人，他經過「分析與檢討」，認為「因為路上有行人，所以才害他撞到人」，於是他就建議政府從此禁止全國人民在街上行走，渾然不認為是因為自己開車疏忽或根本不會開車才會撞到人。

我希望讀者在閱讀這本書的時候能夠記住一個重點：本書的種種解說，其實都是希望讀者看問題的時候能夠**「直指人心！」**——指向自己的心。那麼，要如何體會自己的心呢？就在**「當下」**！當下就是你正在閱讀這本書的時候，當下也就是你在看盤、操盤的時候。如果你不能夠了解自己內心的不足，那麼你就永遠無法接受當下、永遠無法適應市場。建議讀者在讀這本書的每一頁結束之時，都好好想想：「我是怎樣的一個人」、「我平常的思考跟這一頁所講的有什麼不一樣？」、「這一頁提醒了我什麼？」、「我錯在哪裡？」——如此反覆的檢討自己、思索人性，就表示你正在經歷一場真實、有意義的心靈革命。

文／王力群（專職投資人）

推薦序

成功的交易八〇%靠心理面

從一九七九年起，因為我在金融圈中的特殊地位，使我有機會可以和成千上萬交易者、營業員與交易顧問交流討論。我是電腦追蹤公司（CompuTrac）執行長，經營股票與期貨交易技術分析服務，我不是營業員，也不是投資雜誌作家，自認角色中立，時常和大家交換意見。我從一九六〇年起從事自營交易，很快就發現心理障礙從根本上妨害了良好的交易與資金管理；而找我諮商的人，也全都證實他們也有這種想法。

因此我認為，不論交易時採用基本面還是技術面技巧，成功的交易——八〇%靠心理面，二〇%才是靠技巧。你的基本面和技術面知識可能平庸無奇，但卻善於控制心理面，你就會賺錢。反之，你的操作系統可能非常高明，歷經考驗，長期表現優異，但是如果你不會控制心理面，你一定穩賠不賺。

高明的交易者從經驗知道，長期而言，交易虧損的次數會超過獲利次數，但靠著資金控管和小心分析風險，再用務實的停損單自保，就可以消除問題、抓住大行情，進而賺取利潤。

資金控管由兩個基本要素構成：一是心智管理；二是風險管理。交易者知道風險管理起源於心理因素，交易者考慮風險前，就已經「具備」了這種機制。

我要特別警告交易新手和市場參與者，研究和被動分析自己的動機確有必要，但在壓力下的主動交易才是嚴厲的考驗。開始要慢慢來，質疑每一筆交易，交易背後有什麼動機？交易的管理是否妥善？交易是否成功？原因何在？你是否虧損？虧損的原因何在？寫出你的評估，下次交易前要好好參考。

我在電腦追蹤軟體公司所有的重要研討會上，都會要求主講人講解交易的心理面。奪走你的本錢和利潤的人，不是什麼「藏鏡人」，而是誤入歧途的「你自己」。希臘神話中，美狄亞（Medea）殺死子女前說：「我知道自己要做什麼邪惡的事，但我的不理性勝過理性。」如果這種情緒反映你的交易心態，那麼你絕對應該研讀本書。

閱讀本書令人心有戚戚焉，之前我走過不少冤枉路，蒙受重大損失，我可以在書中字裡行間看見自己過去的影子——「我就是這樣，我就是這樣！」。道格拉斯很用心地把本書寫成合乎邏輯的詳盡對話，看來就像他在你身邊，像朋友一樣對你解釋，你一定會樂在其中。你很幸運，能夠在犯下大錯前閱讀本書，認識自己、研究技能。抽空思考和練習的交易者會生存下來，還可能走上發達之路。

文／提摩太．史雷特（Timothy Slater）

電腦追蹤軟體公司（CompuTrac Software）總裁

前言

培養贏的態度

本書是一本詳盡的指引，會協助你了解自律和個人轉型的心理，成為成功的股票與期貨交易者。本書會逐步引導你，適應交易天地中特有的心理特質。

我用「適應」這個說法，是因為闖入交易環境的人，大都不知道交易環境和大家成長的文化環境大不相同。不知道這種差異，自然不知道他們學到的很多信念——在社會上能夠有效運作的，在交易環境中卻會變成心理障礙，嚴重妨礙交易獲利。想達成交易獲利的目標，他們多少必須改變他們對市場行為的看法。

交易天地和其他社會環境不同，具有很多特性，交易者必須具備高度的自制與自信，操作才能順利、成功。很多人缺乏自制，因為我們的成長環境，從小到大都由比我們強勢的人所控制，他們刻意控制、調教我們的行為，使我們學到符合社會期望的行動方式。

因此，我們迫於外力和獎懲制度，而學會一些行動方式。我們得到獎勵時，可以用合乎要求的方式，自由表現自己；遭到懲罰時，我們會得不到我們想要的東西，覺得痛苦難過，不然就是遭到體罰，皮肉受苦。因此，通常我們只學到一種行為控制方式，就是從比我們強勢的人或事物身上，學到以情感或皮肉受到痛苦威脅為基礎的控制方式。因為我們被迫向別人屈服，我們自然根據這種心智結構，得到很多傳統的成功之道（尤其是學會達成心願的方法）。因此，我們學到達成心願唯一的方法是獲得掌控力量、迫使外在事物改變。交易者會發現，自己在日常生活中用來達成心願的心智力量，用在交易環境裡根本無效，除了少數人外，所有的人都沒有掌控市場、讓市場言聽計從所需要的力量和控制力。市場上沒有社會上控制你行為的外在限制，市場絕對沒有力量左右你或控制你，不會期望你有什麼行為，也不會理會你的福祉。

徹底自由、充滿無限可能性與風險的交易環境

事實上，如果你不能掌控市場，市場也絕對不能控制你，那就只有你能夠為你的認知負責，也為隨之而來的行為負責。你只能控制自己，身為交易者，你有力量把錢賺進

來或虧給其他交易者，你選擇這樣做的方法由很多心理因素決定，這些因素幾乎都和市場無關。你學會新技巧、學會適應市場環境前，情形都是這樣。

要在這種環境中操作成功，你必須學習你可能完全陌生的自我控制方法，也必須學習獲得心智自由、改變認知、達成交易目標的其他方法。很少人知道自己必須對行動後果負全部責任，更少人接受這種認知對心理的影響，不知道應該怎麼應付。

大多數的人都不知道如何在徹底自由、無拘無束的環境下操作。你在交易環境中，必須自己訂定規則，再嚴格遵守規則。問題是價格總是波動無常、不斷變動，和大多數人習慣於墨守成規大不相同。你在市場環境中，看到你打算利用的價格波動時，必須面對無數決定，不但要決定是否進場，也必須決定何時進場、停留多久、何時出場，其中沒有開始、中段，也沒有結束——只有你的想法。

你必須了解隨著這些決定而來的負面心理影響，也必須了解即使你在期貨市場中只投入最低財力，每筆交易只交易一口合約，但可能的獲利和虧損都是沒有限制的。從心理觀點來看，這點表示——每筆交易都可能實現你難以想像的財務獨立美夢；也可能讓你虧光一切。價格不斷波動使你非常容易忽視風險、受到誘惑，認為這次不必遵守自訂的規則。

市場環境提供徹底的表達自由，也提供無限的可能性與風險，如果你不注意這些心理狀況（根據外在環境、限制與期望的心智架構操作），你在情感和財務上一定會一敗塗地。

這種殘酷的現狀可以說明為什麼賺錢的交易者這麼少。幾乎所有交易者都完全低估其中的困難，高估自己達成過高期望的能力，因而對自己造成某種程度的心理傷害。我把心理傷害定義為可能產生恐懼的心智結構。恐懼起源於環境狀況可能造成壓力、焦慮、困惑、失望或背叛之類身心痛苦的信念。

基本上，心理痛苦是期望沒有達成的結果，期望不能達成，會在個人認定的應有狀況和不符合實際環境的信念之間，產生衝突，衝突以心理痛苦的方式表現出來，就是我們常說的壓力、焦慮和困惑。

大家似乎會直覺的建立心理防衛，避免痛苦，對抗證明心理衝突存在的干擾性環境資訊。包括否認、合理化和辯解的防衛會扭曲認知。認知扭曲會出現，是因為我們的心智系統自動扭曲環境資訊，形成若干資訊，也選擇性的排除若干資訊，以補償我們的期望和物理環境之間的衝突，這樣會使我們相信自己和外在環境之間，有一種共通的現實存在，因而可以避免任何痛苦。我把「共通的現實」定義為個人的環境信念和物理環境之間協調一致。

加強心理彈性

如果你扭曲市場資訊，你和市場之間就沒有共通的現實，你也縱容自己淪落在幻想中，淪落到逃避失望的地步。這時，你會落入所謂的「強迫認知」狀況中。顯然如果市場行為不符合你的認知（若干市場資訊不能證實你的需要或希望）時，就有一方必須讓步。這種扭曲會一直存在，到你的心態和市場資訊極度不協調，導致心理防衛（幻想）破滅為止。這種情況通常會讓你深受震驚，想不通事情怎麼會惡化的這麼快。

在這種情況下，市場力量會強迫你面對你共通現實的幻想，創造出痛苦的強迫認知，在你交易生涯的某一時刻，你需要了解何以我們大家因為共同的教養背景，會設法透過我們認為下一步會發生什麼事情的認知，設法控制市場事件，然後堅持這種期望。這就是你需要學習怎麼加強心理彈性的地方，這樣才能改變你對其他選擇和可能性的看法。你可能無法控制市場，但你可以控制自己的市場認知，變得更為客觀，同時和市場共享更高程度的現實。

強迫認知可能令人痛苦，卻不可能妨礙市場機會對你的吸引力。然而，累積的心理效果對你會有很不好的影響，如果你因為多種強迫認知而覺得痛苦，最後你對市場活動的看法會嚴重偏向避免痛苦，而不是尋找機會，你對虧損、犯錯或錯過機會的恐懼會變成你是否行動的主要動機。

恐懼變成行動與否的動機時，會形成若干重大問題。首先你會把注意力限縮在你害怕的事情上，你看到的機會範圍會因此縮小。這點表示你在所有市場資訊中，只看到可以證實你最大恐懼的資訊，恐懼會有系統的使你看不出顯示其他選擇和機會存在的資訊。

你了解恐懼和認知之間的負面關係後，可能會驚訝的發現，你設法避免虧損時，實際上反而創造了虧損。恐懼也會限縮你對任何狀況所做的反應，很多交易者十分清楚自己想做什麼，卻在行動時刻來臨時，發現自己完全動彈不得，因而覺得十分痛苦。

突破心理障礙

交易環境具有結構鬆散的特性，想在這種環境中操作成功，事先需要發展出超高的自信和自我信任。我把自信定義為沒有恐懼，把自我信任定義為在需要行動時，知道應該做什麼，然後毫不遲疑的行動。猶豫不決只會造成自我懷疑和恐懼，自我懷疑有多深，恐懼、焦慮和困惑就有多嚴重。

在恐懼、焦慮和困惑狀態下交易是一種負面經驗，會產生或強化既有的無能和無力感。不管我們多麼努力的對別人隱瞞實際狀況，我們顯然都無法對自己隱瞞結果。如果你覺得市場行為神祕難解，那是因為你自己的行為神祕難解、缺乏管理。事實上，不管你有什麼看法或願望，如果你連自己的下一步行動都不知道，那麼你不可能判定市場的下一步行動是什麼。

少數成功的交易者多少已經超脫這些心理障礙，樂於用短短一句和交易有關的智慧語珠啟迪我們，他們告訴我們：「學習認賠」、「隨勢而行」、「趨勢是你的朋友」、「要停損，也要利上滾利」、「要認識市場必須先認識自己」等等。本書徹底探討、解析、整理這些建議中有關心理的部分，改造成一步一步的學習過程，讓你經歷不同的階段，訓練你適應交易環境。本書會說明你需要了解哪些技巧和其中原因，最重要的是要告訴你怎麼學習。

本書分成四個部分，第一部分的兩個章節是引言；從第三章到第八章是第二部分，我將說明要成為成功交易者的問題和挑戰；第三部分的六個章節會教你培養基本慧眼，看出你的心智環境需要什麼變化和其變化之道；由第十五章和第十六章構成的第四部分將整合一切，形成統一架構，讓你培養特殊交易技巧，學習客觀觀察市場行為的方法，判定你在什麼地方需要自律，確定你需要採取什麼步驟，用合乎心理健康的有利方式，突破交易時的心理障礙。

第一部分

引言——交易的若干困難

如果說「自律」和「情緒控管」是成功的關鍵，但遺憾的是，它們卻不見得是我們與生俱來的天性，而是我們學習若干心理技巧之後才能掌握這些特性。

第一章

我為什麼要寫這本書？

當我「害怕虧損」的心理消失之後，我變得和以前完全不同了，而我看到和體驗到的市場也跟以前大異其趣，就像有人幫我把連我自己都不知道的眼罩拉下一樣。

我從一九八二年夏季開始寫這本書以來，期貨交易的每一個層面幾乎都出現爆炸性成長——全新的交易所和合約、更多的顧問公司與新聞服務、日漸增加的書籍與出版品，以及更為複雜的技術性交易系統，這些東西大都配備電腦應用軟體，便於追蹤市場走向。然而，即使和交易有關的服務成長這麼驚人，卻有一個事實無法逃避，就是仍然只有極少數高明的交易者年復一年，從市場上賺走最大比率的利潤，造成其他交易者的虧損遠超過九〇%。

在期貨交易中，要是有一位交易者賺到一美元的利潤，就有另一位交易者虧損一美元，如果少數交易者一直賺大錢，就表示他們的利潤一定是由成千上萬的其他交易者奉獻。這些非常成功的交易者中，有些人是名人，但大都只在芝加哥或紐約出名。每個人當然都想知道他們到底做了什麼事情、都想知道他們的賺錢之道。

交易者分成兩種：一種是少數贏家，另一種是想知道贏家致勝之道的絕大多數輸家。這兩種交易者之間一定有什麼不同，不同的地方在於每週、每月、每年都賺錢的交易者，是從心理規律的觀點，進行交易。當你問他們有什麼成功之道時，他們都會明確表示：在未學會自律、控制情緒、跟隨市場改變心理前，你都無法持續不斷的靠著交易累積財富。

自律與情緒控管

首先，我想指出自律、控制情緒、決心學習改變自己的心理等等，這些全都是心理問題，它們和新的金融新聞服務、顧問服務、新交易所、技術性或基本面交易系統毫無關係。再來，根據我的交易經驗、觀察和研究，我發現不論是贏家還是輸家，所有交易者似乎都擁有若干共同經驗，都在交易生涯開始或初期，體驗到困惑、挫折、焦慮和失敗的痛苦。超越這種階段、賺到財富的少數交易者，都曾經面對和克服非常困難的交易心理問題。就算是最高明的交易者，這種了解和改變過程通常也都要花上好幾年。

如果說「自律」和「情緒控管」是成功的關鍵，但很遺憾的是，它們卻不見得是我們與生俱來的天性，而是我們學習若干心理技巧之後才能掌握這些特性。學會這種心理技巧通常是嘗試錯誤過程的結果，過程中可能要花費非常高昂的代價，通常充滿痛苦和折磨。嘗試錯誤交易最大的問題是：大部分人走完這種過程前，就會虧光所有資金；擁有足夠資金、能夠繼續交易的人，始終沒有從自己製造的心理創傷中完全復原，也沒有學會持續不斷獲利的交易之道，因此只有相當少數交易者能夠成功。

過去和現在的所有高明交易者都發現，要解釋他們現在的行為和背後的道理很難，更重要的是，很難說明他們採取了什麼步驟，才進步到這一階段。很多人樂於和別人分享他們所知道的市場和市場行為知識，卻不見得樂意分享和他們個人行為有關的知識。然而，他們通常警告上門求教的人說，除非大家學會自律和情緒控管，否則就算了解全世界所有的市場知識，還是沒有用，但他們不見得能夠解釋這番話的意義。

例如，「及早停損」是大家經常說的交易經典名言，但你要怎麼告訴別人需要採取那些步驟，才能學會這一點？尤其是交易者和不斷波動的市場環境互動，卻總是覺得市場可能恢復原狀，讓他虧損的交易不再虧損時，你要怎麼對他解釋這種步驟。如果你想到他的資金和自尊岌岌可危，同時不管機會多麼渺茫，市場的確可能恢復原狀，你就會明瞭：告訴他必須「停損」有多難，而向他解釋如何根據正確的心理態度及時停損，則更是難上加難。

要解釋怎麼應用這種智慧雋語，最容易卻又完全無效的方式是說：「噢，如果你希望成為成功的交易者，你必須學習自律和情緒控管。」然而，我基於兩大理由，不相信有人會故意說出這種含糊不清的建議——第一，自律和情緒控管是抽象的觀念，不容易解釋或了解，我們全都聽過或看過這種話很多次，但是請你認識的人為這種觀念下定義，他們很可能無言以對。第二，從心理觀點來看，今天的成功交易者起步時，沒有地圖、路標或方針可以遵循，也不知道什麼地方是累積財富的終點。他們必須耗費心力和時間反省與調整，探索交易天地。你可以說他們從每個錯誤中學習時，多少都失足過，資本不多的人當中，更是很多人在財務和情感上，碰到毀滅性的結果。

有時候，他們很可能了解自己已經有所改變，因為對嚴重影響他們的負面情感，造成他們憤怒、焦慮和恐懼之類的正常市場活動，就如此這般的不再有同樣的影響。他們一定已經學到對自己要有某種程度的自信，才能適度因應所有市場狀況，因為個人的自信程度和上述負面情緒之間，有著直接的關連。

自我信任

信心和恐懼在本質上是類似的心態，只有程度上的差異而已。個人的信心水準提高時，困惑、焦慮和恐懼的程度會等比率的消失；學會信任自己可以做該做的事情，一點也不猶豫時，信心自然會發展。

由於擁有這種自我信任，個人不必再害怕看來無法預測的怪異市場行為。然而，我在這裡要說的重點是：雖然個別交易者的心智環境和心理結構發生變化，市場卻沒有變，他們所用的工具也沒有變，變的是交易者。

交易者經歷了個人發展上的變化，學會了以嘗試錯誤為基礎的新技巧後，不太可能留下詳細紀錄，說明學習過程中的各個步驟。這種過程充滿痛苦、焦慮和挫折時，更是不可能留下紀錄。顯然要是有人不了解自己怎麼學到現有的技巧，要對別人解釋自己的學習方法，自然極為困難。

此外，要是有人在交易上賺到夢寐以求的利潤，就沒有多少誘因能夠讓他耗費時間和精神，把這些抽象技巧分解成有效的學習過程，嘉惠別人。講解交易成功之道所需要的技巧，和成為交易者所需要的技巧不同。後文會說明我學習寫作這本書的過程和所需要的個人轉變，跟我從事交易，知道為什麼需要寫這本書的學習過程截然不同。其中一種過程具有選擇的意味，另一種過程卻有強迫的意味。

我說的強迫，意思是指我失去房子、車子和其他的一切，才學會自己需要用某些方式，改變自己的看法，才能在交易環境中有效操作。「破產經驗」絕對是徹底改變生活的體驗，讓我深入了解恐懼的本質，以及恐懼對個人交易能力的破壞性影響。

我從這種經驗中學到的眼光，是我稱之為強迫認知學習過程的結果。在這種過程中，我的天性和實際市場中的特性，跟我認知的信念大不相同——這些信念起初是基於無知、後來是基於我豎立心理防衛、阻隔我對若干資訊的認知後相信的觀念。最後市場強迫我承認我原本不會考慮的很多信念。代表我身分一大部分的所有外在象徵（信用）消失後，我別無選擇，被迫用不同的新方式看待自己。

這是一九八二年三月的事情，當時我是美林商品公司（Merrill Lynch Commodities）派駐在芝加哥期貨交易所（Chicago Board of Trade）的業務代表。不到一年前，也就是一九八一年六月時，我放棄至少在財務上寬裕的生活，拋棄很成功的商用不動產保險和意外險生涯，離開密西根州和既有成就，從底特律郊區搬到芝加哥，投效美林公司。因為我沒有足夠的錢，買不起芝加哥期貨交易所或芝加哥商業交易所的席位，又不知道席位可以花錢用租的，於是我選擇了到美林做業務代表。

我在芝加哥的黃金海岸上有一棟昂貴的公寓，我還有一輛保時捷跑車，而底特律高級郊區的一棟房子並沒有賣掉，好讓我女朋友和她的兩個女兒住，我幾乎每個週末都開車或搭飛機往返兩地。這種生活型態的花費遠超過我的能力，我因此承受極大的財務壓力。除非我在交易上大賺特賺，否則我很難擺平我自討苦吃所做的一些決定。

在我搬到芝加哥之前，已經從事交易兩年以上，虧光本錢兩次。我當然都迅速存錢、東山再起，我短期內的成功交易和少數幾次獲利的交易，足以證明我可以繼續嘗試。有一次，我的一筆交易幾乎就要賺到二十五萬美元以上，但我卻在大行情來臨前不久脫手，這件事讓我深受打擊，卻也讓我徹底迷上交易，追求成功的決心變得更為堅定。這次經驗促使我決定購買所有能夠買到的書籍，也參加所有我付得起費用的研討會。

我看過的所有書籍裡幾乎都指出，要是交易者承受很大的財務壓力，就很難學會交易之道，也很難保住什麼成就。也就是說，如果你的交易資本有限，或是你虧不起用來交易的本錢，那麼別指望你會變成成功的交易者。我顯然違反了這兩大規則，因為和我的生活型態相比，我的交易資本很少，因此我絕對承受不了虧損；我也找到很多證據，證明我的運氣不好。

市場的本質使大家有藉口不面對問題

我到芝加哥去，是因為我相信如果我能夠接近市場，認識了解交易方法的人，我就可以跟他們學習。看來我即將猛然驚醒。我在美林商品第二大的商品分公司服務，公司有三十八位業務代表，一開始，我震驚地發現，只有一位業務代表有用自有資金交易的經驗。接著我發現這些業務代表的客戶沒有一個賺錢，這讓我更感訝異。事實上，那些客戶平均在四個月內，會虧光最初的本錢。

接下來我再次感到失望，因為我開始盡量結交場內交易員，我認為就算公司同事不知道怎麼賺錢，場內交易員也一定知道。結果我卻發現情況和我們公司一樣——除了少數備受尊敬、著名又神祕的場內交易員外，我找不到半個能夠持續賺錢、不會困惑的人——我找不到有誰知道自己打算做什麼、不必到處探問，證明自己做法正確，按照自己的打算行動。我並不是在暗示自己沒有碰到曾經賺過錢的交易者，只是他們保不住這些錢。我認識很多在交易頭幾個小時能夠賺二、三千美元的交易員，但是，不久之後，他們總是會把這些錢賠回去，甚至還倒賠。

每個人似乎都有同樣的問題和錯誤，因此沒有人真的把這種事當成問題。顯然市場的本質使大家很容易不必面對可能的問題，因為下一筆交易總是可能使生活中的一切看來都不相干，如果下一筆交易能夠讓你發財，為什麼要處理任何事情呢？我認識的所有交易員，包括我自己在內，全都受這種「交易賺大錢」的心態影響。事實上，我的這種心態極為強烈，以致於我在很多交易中，拒絕為了賺五百或七百五十美元而出場，即使我知道這筆交易只能賺到這些錢，我還是拒絕實現獲利。這種事看來可能很荒謬，但我一定不會去實現金額這麼小的獲利，因為我當時覺得市場好像在侮辱我，在我需要或期望賺大錢時，居然施捨我這麼一點點錢。

隨著我的財務問題加深，我也愈來愈絕望，我碰到的事情當然讓我不舒服，但我仍然抱著可以靠交易擺脫困境的想法。就這樣，到了一九八二年三月，一切都結束了，離我前來芝加哥追求財務自由的美夢不過才八個月，除了工作、公寓、衣服、電視機和床之外，我一無所有。

事實上，我在一夜之間，幾乎喪失證明我身分的所有象徵。我的意思是：在我的自我觀念中，這些財富象徵有一大部分是由房子、汽車，尤其是由我的信用構成。能夠維持完美無瑕的信用，讓我總是引以為傲，現在我發現自己喪失了這一切。我說過，這樣不像沒有什麼證據證明我可能會有這番遭遇，因為證據確實很多。但我身心中，有一部分不讓我直接面對這種證據或含意——為我碰到的事情找藉口真是太容易了。

拒絕面對或考慮所有互相牴觸資訊的含意，會產生很大的壓力。使問題更嚴重的是，我深怕失去一切，但我再度盡力躲避這種恐懼，把恐懼拋在腦後，以免有所感覺。然而，我一定有大禍臨頭的感覺，否則我為什麼會深受恐懼折磨？

但是在我無法擺平喪失一切產生的不平衡時，我怎麼能夠面對這種狀況？我說的是，我自己的信念和證實這種信念的證據之間失去平衡，我心想：在這一切都過去後，我會變成什麼樣的人呢？

不久之後，我就找到答案。隨著我的財務狀況惡化到極點，我的心理防衛也開始瓦解，最後我終於接受無可避免，卻又自認是徹底失敗的做法——聲請破產。

學習新的思考方法

這次經驗改變了我內心的很多想法，我就像被迫處理人生中很多重大變化的人一樣，對自己的了解增加了很多，第一件讓我驚訝的事情是我的壓力消失了。實際上，我覺得如釋重負——再也沒有什麼必須期望、害怕或極力抵抗的事情。我克服了最大的恐懼，並發現：這種狀況中其實沒有我不能應付的事情，實際情況也沒有我想像的那麼糟糕——我仍然活著，仍然很健康，能夠思考和行動，我開始了解我的思考能力是我最大的財產。

此外，這種感覺開始變成更深入了解自己身分的本質。我成長的大部分時間裡，都認為我的身分是由我所擁有的東西構成——我的財產愈多，愈有尊嚴。我開始了解「我」比自己的財產重要，假面具撕掉後，我才認清自己到目前為止才略微了解比較深層的內涵。這種新認知幫助我了解犯錯和失去一些東西，對個人絲毫無損，我開始了解要是能夠從中學到正面而有用的事情，容許自己犯錯，不恐懼失敗這回事，反而是一種解脫。

然而，我覺得自己的經驗特別不尋常，因此只透露我個人的經驗給一個人過。大家都知道有很多交易者破產過，有一些交易者在破產後從新認識自己，但是他們的資金已經不多了，無法繼續交易。我的財力也不容許我繼續交易，但是我仍然在美林服務，事實上，我就像沒事一樣，一切如常，我當然不打算對客戶或同事宣布我才剛剛聲請破產，業務代表的工作是我能夠保住的少數東西，對我來說，「能不能成為優秀交易員」這件事操之在我。

這點心理上的重大差異促使我最後寫作本書，我很幸運，在碰到這些重大心理變化時還能夠繼續交易（但不是用自己的資金），因而讓自己處在與眾不同的地位，可以檢討、研究我的內心狀況對外在物理環境經驗有什麼影響。

這種內在和外在的關係並非總是很明顯，但在這種狀況中卻無從逃避。我學到市場以價格波動的方式，提供交易者獲利機會，這種機會基本上不斷在變動，是個人可以自由創造成果的環境，不受日常生活中既有的諸多限制妨礙。

這種無止盡的機會使市場變成一面能反射交易者態度最好的鏡子，交易者在價格波動中看到的機會和可以採取的行動，都不受市場控制，所有選擇和把選擇變成經驗的力量，都操之在交易者心中。

例如，如果我認為市場對我是威脅，害怕市場可能搶走我的錢財，這種情況不是因為外在狀況真的威脅我，我可以清楚看出，恐懼起源於我無法用對自己最有利的方式，預測事件或行動的結果。我真正害怕的事情——是我不相信自己能夠做該做的事情。

此外，我發現自己的心智結構形成全力避免虧損的架構，而且當我拚命這樣做時，反而創造了虧損。你可以這樣想：我們的心智不能同時了解環境中發生的一切事情，我們只會注意對我們最重要的環境資訊，我們基於某種資訊很重要，把愈來愈多的心力放在上面時，就有系統的把其他資訊從我們的認知中排除掉。因為我只想避免虧損，結果我反而創造了虧損，而不是避免虧損。

換言之，我並沒有積極注意顯示有獲利潛力的市場資訊，反而比較關心我最害怕的資訊，因此，不論是什麼時候，我對其他可能性與機會有關的許多市場資訊，完全視而不見，我能夠看出（而非在事後）這些機會唯一的方法，就是放棄讓我分心、不注意市場「當下」狀況的資訊。

我改變「虧損」和「犯錯」代表何種意義的信念後，才知道自己錯過了什麼東西。我的看法改變後，開始注意到過去我完全不注意的市場行為特性和其間的關係。

後來我想通了一件事，就是因為我已經失去一切，再也沒有什麼東西能夠讓我害怕了，因此，我在無意間，學到成為成功交易者最重要的教訓——怎麼「接受」虧損，卻不受任何負面影響，不產生罪惡感、沒有憤怒和羞恥，也不會自我懲罰。

因為當我「害怕虧損」的心理消失之後，我變得和以前完全不同了，而我看到和體驗到的市場也跟以前大異其趣，就像有人幫我把連我自己都不知道的眼罩拉下一樣。到當時為止，我的交易總是受恐懼影響，我完全不知道在沒有恐懼的情況下交易是怎麼回事，甚至不知道交易者可以在這種情況下交易，我最不了解的是「這才是交易獲利之道」。

我很清楚恐懼對我造成相當大的妨礙，讓我不能了解交易者絕對必須具備和遵循明確的交易與資金管理規則，我開始了解其中的道理——我愈遵守規則，就愈信任自己，我愈信任自己，就愈能專心注意市場行為之間的複雜關係，學到和市場有關的新事物、幫助我變成更高明的交易者。

這種新態度對我有利的影響，就是協助我改變觀念、順勢而為。我愈不在乎自己的對錯，情勢就變得愈清楚，進出變得輕鬆多了，「停損」讓我可以做好心理準備，迎接下一個機會。

到了一九八二年六月，我開始替客戶持續一貫的賺錢，根據大部分交易者的標準來說，我賺的錢不算太多，卻很穩定，我賺錢的日子開始拉長，從每天賺錢，變成每週、每月都賺錢。到了一九八二年八月，我想到要寫一本書，否則至少也要辦一場研討會，向別人說明我的經驗和發現。

當時，這個領域的教育可說是一片空白，完全沒有深入處理「交易心理」、有效協助讀者了解「交易者何以成功」這麼難的教材。我寫這本書，目的是要滿足交易者的迫切需要，讓希望交易股票期貨的人利用有組織、有系統、有步驟的方法，學習靠著交易賺大錢的心理技巧，這種方法的祕密就是學習新的思考方法。

第二章

從「心」來過！

我們不但天生想創造成就，也想把某種狀況下取得成功的原則，複製運用到所有其他狀況中，卻不常想到有些狀況可能需要運用完全不同的心理力量。

在社會教我們的價值觀和信念中，有一些會變成我們追求成功時所用思考方法的構成因素，本章會說明這種方法在交易環境中既不實際，也沒有用，且和交易獲利之道牴觸。有些人在交易環境中用自己熟悉、確保可以達成願望的方法操作，卻發現自己一直淪落在挫折、焦慮和恐懼狀態中，不知道錯在哪裡，或認為自己有什麼地方一定做錯了。

諷刺的是，從表面上看來，交易似乎極為簡單，但實際上大部分人卻發現：交易是他們所做過最難的事情，成功似乎總是唾手可得，卻總是難以到手。挫折會一直持續下去，除非交易者學會新思考方法，適應交易環境中的狀況。這種思考方法是在交易環境中最能有效運作的方法，和大家從文化與社會教養中學到自以為行得通的方法不同。

很多讀者可能聽過：有一種研討會教你怎麼赤腳過火，走過超過六公尺長的炭火，主持人設計過火方法時，假設成就非凡的人和別人不同，擁有特殊的思考方式，並認為靠著思考方法與信念和別人不一樣，因此可能可以完成過火儀式。這種方法可以分解成一種系統，供人學習，也可以教導別人。

成就非凡的人和普通人唯一不同的地方是：前者學會了後者沒有學到的思考方法。就我所知，設計過火方法的人根據這種假設，前往南太平洋，求教能夠赤腳過火卻毫髮無傷的人，分析他們的信念和態度，以便學習可以用來在美國教導別人如何思考。

我敢說我不必指出過火對身體和情感上的意義，光是想到過火，通常就會讓人極為害怕，腳部可能受傷，甚至可能終身跛腳的想法相當真實。可是就像多家電視和文字媒體報導的一樣，參加研討會的各色人等都完成了驚人之舉，克服了恐懼，赤腳走過超過六公尺長的炭火。

我不是要你在交易廳裡過火，而是要指出人們的思維習慣很難破除，要改變思考方法、成為成功的交易者，你必須質疑自己的若干信念，深入探索自己根深蒂固的觀念。有時候，只有徹底的心靈「清洗」可以幫助你拋棄失敗，迎接成功。心靈清洗過程的第一步，是接受可能促使你問：「如果這是真的，我該怎麼辦？」的資訊。我在本書的第二部分會更深入探討這一現象。

只有少之又少的交易新手，會想到市場環境和自己習以為常的習慣或社會教導的有效因應方法大不相同。例如，市場看來可能像永遠沒有結束的事件，總是在變化，總是不斷波動，幾乎沒有結構，每一筆交易獲利和虧損的可能性都沒有限制。

和這種環境互動的人很難承受其中的心理衝擊——想到我們建構自己的生活時，採用的很多方法通常都具有十分明確的界線、限制和規則，促使情勢大致相同時，更是如此。對大部分人來說，靜止不變的環境是安全感和幸福感的基本要素。

市場時時刻刻強迫交易者，面對自己不肯接受變化的心態，摧毀交易者的安全感，也會在交易者心中，產生具有相當大競爭性與壓力的情感環境。交易者一心想賺幾百萬美元，卻害怕碰到財務慘劇。市場用非常實際的財務自由美夢誘惑交易者，同時準備奪走交易者的一切，甚至奪走更多東西。

此外，和工作有關的時間、努力、報酬原則，在市場上根本不適用。例如，很多工作因為採取時薪或年薪制，不論個人多努力，報酬都不變。對交易者而言，努力與否可能毫不相關，時間和報酬之間幾乎沒有關係。交易者可能會震驚地發現：自己只要用腦力做了一個簡單的決定，片刻之間就可以賺到幾百萬美元的暴利。

你起初可能想到，片刻或幾分鐘內賺很多錢，其中可能大有問題。不錯，有很多問題。不管你是否了解，大多數人小時候所接受的教育是「一分耕耘，一分收穫」，對自己在什麼情況下應該得到金錢，都學到結構嚴謹的信念系統。事實上，很多人因為小時候的薰陶和宗教訓練，認為自己不應該不勞而獲。

在很短的時間裡不勞而獲、賺到很多錢，的確不符合大多數人憑努力賺錢的定義。因此如果事實如此，大家要怎麼調和暴利和結構性信念之間的衝突呢？交易者很可能不知道或不考慮這種情況時，如何調和的問題會變得更嚴重。要解決這種心理衝突，交易者通常必須找出一些聰明、巧妙或平凡的方法——把錢虧掉。

不能適應文化與交易環境之間的差異，或根本不知道有這種差異，的確可能是大部分交易者犯下很多交易錯誤的原因。思考方法可以用容易了解的方式，為市場行為重新定義，以便避免這種錯誤，也會管理對這種行為大部分通常缺乏紀律的情緒化反應。

從文化中學到的行為會造成交易虧損

在情緒激昂、片刻之內必須做決定的狀況中（這種可能導致失敗），你沒有時間比較當下的事件和過去的市場經驗，你甚至很可能沒有注意到你的行為是否和過去類似，是否會碰到同樣悽慘的後果。因為現狀極為緊迫，你可能不知道你的行為多麼像平常一樣，甚至可能極為輕率。

事實上，你可能不知道只有幾種典型的反應會帶來失敗，如果你能夠看出這種反應，就可以避免再犯過去的錯誤，在片刻之內必須做決定時，你不會損失寶貴時間。

以下我列出幾項交易時常見的錯誤，這些錯誤都起源於個人思考方法中的特殊原因，而且都可以將之改正：

一、拒絕爲虧損下定義。

二、不肯爲虧損的交易平倉，甚至在承認這筆交易的潛力大爲縮水後，仍然不肯認錯。

三、把自己鎖死在和市場方向有關的特定意見或信念中；從心理觀點來說，這樣等於是用自己的期望去控制市場——「我沒錯，市場錯了。」

四、專注一筆交易的價格和價值，卻不去注意市場依據本身行爲與結構波動的可能性。

五、從事報復性交易，就像想奪回市場奪走你的東西一樣。

六、明知市場方向已經改變，仍然不肯反轉部位。

七、不遵守自己的交易規則。

八、爲一種波動做計畫，或覺得波動開始形成，然後發現自己動彈不得，不能叫進、叫出，因而喪失獲利機會。

九、不根據本能或直覺行動。

十、在一段期間裡，建立持續一貫的成功交易型態，然後在一、兩筆交易中，回吐所有獲利，重新開始這種循環。

交易員必須學習的心智技巧

要精通交易之類的心智活動，還是游泳之類的體能活動，都需要學習特殊技巧，進而採用和所學一慣做法不同的方式——觀察、思考、行動。

然而，機械式的行動機制之外——人人幾乎都能夠學會的——特定思考方法或策略，可以產生更完美的結果。雖然只有少數人擁有這種思維方法，但這種思維方法是可以學習的。

任何思考方法都需要一系列達成目標和解決問題的方法，說這些方法是心智技巧或思維運用技巧或許比較適當。例如，其中一種技巧可能是在你犯下常見的交易錯誤前，能夠看出在什麼狀況下容易犯錯的能力。其他技巧包括：

一、學習達成目標的動力，以便積極關注你的目標，而不是關注你害怕的事情。

二、學習看出交易者需要精進的技巧，然後專心發展這些技巧，而不是一心注意金錢，金錢只是隨著技巧而來的副產品。

三、學習自我適應，以便更輕鬆地因應市況的根本變化。

四、看出你的風險忍受度——風險安心度，知道自己可以承受多少風險，然後配合你客觀觀察市場活動的能力，學習擴大風險忍受度。

五、學習看出機會、立即進行交易的方法。

六、學習讓市場告訴你盈虧已經到了盡頭，而不是靠個人的評價系統去評估這個盡頭在哪裡。

七、學習建立自身信念的方法，以便控制你對市場波動的看法。

八、學習達成和維持客觀心態的方法。

九、學習看出「眞正」直覺資訊的方法，再學習根據這種資訊持續一貫採取行動的方法。

心智技巧和交易系統有何不同？

交易系統可以界定、量化和分類市場行為，市場提供的行為組合、機會與風險似乎沒有止盡，多到我們的心靈可能無法承受。交易系統為市場行為的範圍訂出限制，使我們比較容易管理市場活動，交易系統也針對特定市場狀況，指引方向、提供行動建議。如果沒有交易系統，交易者很可能覺得自己好像在無邊無際、看不到陸地，卻充滿無限可能與機會的大海中，漫無目標的漂流。

交易系統界定機會、提供建議，即使那些建議只是指引你的認知方向，但遵照建議行動仍然可以協助你發展出若干技巧。

真正的技巧會指引方向，也會近乎自動的指引認知。思考方法控制什麼時候選用什麼技巧。不過，提供交易系統並非本書的目的，本書提供的比較像是結合交易系統和交易者心理結構的工具。交易系統教你辨認市場信號，建議因應市場狀況的適當行為；思考方法則教你技巧和運用技巧的程序。

如果交易者體認到：在片刻間必須做出決定的緊張狀態中，交易系統可能失效，主導自身心理環境的技巧就會變得很重要。研讀這類書籍的讀者大都認為，自己多少都算成功，因為自己靠著嘗試與犯錯，嚴格運用歷經考驗的公式，在有意或無意之間，學到創造成就所需要的技巧或思考方法。

我們不但天生想創造成就，也想把某種狀況下取得成功的原則，複製運用到所有其他狀況中，卻不常想到有些狀況可能需要運用完全不同的心理力量。

例如，假設你把一套成功的思維系統，任意用在期貨或股票交易上，事前未研究這種系統在實際市場中的效果或正確性，結果比較可能是開始運用前，失敗早已注定。

顯然大家主動開始交易前，就認為自己擁有適當的能力，認為自己不會失敗。實際情形正好相反，交易者在交易之外的領域中大都非常成功，因此非常有自信，認為自己有能力把這種成就帶到交易環境中。這種沒有根據的信心，加上市場扭曲個人對報酬和所花時間與功夫之間關係的觀念，導致交易者對自己應該得到的成果，形成一些很不切實際的期望。

認為「交易很容易」就會導致不切實際的期望，這也可能是大部分交易者面臨首次虧損爆倉的主要原因——幾乎所有交易者在初期發展階段時，都會認為做交易很簡單，而這是一個心理陷阱，每個人都會受其誘惑。但當你檢討自己所設定的績效標準、評估自己擁有多少進步空間時，在這個過程中就會理解該陷阱之所以形成的箇中原因。

個人表現標準或對結果的期望有四大要素：第一是我們對時間的基本觀念——大部分人相信時間有限，不停流逝，最後會耗光；第二是我們對努力的觀念——我們的精力並非用不完，精力會用完、我們會疲勞，如果我們不好好休息，我們甚至會生病；第三是我們對專業知識的觀念——我們精通的技巧愈多，愈善於運用技巧，但學習專業知識需要花很多時間和精力。

我們評估自己時的主要依據，是我們自認花了多少功夫和時間去學習。這一點引伸出第四個要素——報酬。為了決定我們應該得到多少報酬，我們會評估工作的難易度，決定需要花多少功夫和時間，然後決定應該得到多少報酬。這樣就像我們自己的時間與精力供需公式一樣。

我現在要綜合一切，說明交易如何扭曲所有要素，導致大家相信「交易很容易」。首先，要在市場環境中操作，需要的個人勞動非常少，場內交易員以外的人尤其如此。第二，時間不是相關因素，交易者會驚訝的發現，片刻之內就可以賺到幾千美元，可想而知，你可以進行交易，市場絕不會跟你作對，你可以得到遠超過你所能想像的報酬。因為其中根本不需要實際勞動，交易者難免把這種速度和輕鬆程度聯想在一起。

大部分人不必親身經歷，就會產生交易很容易的錯誤聯想，只要第一次體驗市場活動，自然就會這樣想，會假設自己應該在較低點時站在買方，然後堅持到有利可圖時再平倉，即使只獲利幾點，交易者一定也會把點數乘上好幾口合約，得出想像中的暴利總額。這種獲利可能代表國外旅遊、夢幻跑車或財務自由。隨後交易者會比較自己在正常情況下要多辛苦工作，才能得到同等報酬，結果就得到「交易很容易」這種完全錯誤的結論。

交易新手有一個問題，就是對於在交易環境中運作所需要的專業技能，幾乎不可能理智評估，例如不會評估和學習在無拘無束的環境中限制自己的技巧。新手在這種環境中初次交易時，可以用創造性的方式自由表達自己，不受任何社會限制約束，但是他不知道獲得這種專業知識是需要時間的，尤其是在獲利這麼輕鬆、這麼快速滾進來的情況下。這種假設會使交易者對交易的真正本質視而不見，時間當然是學習看出機會或完美執行交易的因素，兩種技巧都要花很多時間學習。然而，不管你投入多少時間、也不管你多麼努力，這兩個因素和潛在的報酬卻沒有關係。

因此，當我們無法達成期望時，會發生什麼狀況呢？尤其大多數人開始交易生涯時都認為，報酬好比一塊蛋糕，他們只要花片刻時間就能達成財務美夢，結果期望無法達成，這時會發生什麼狀況？無論個人花多久時間，才承認自己無法達成目的，總之這種經驗都令人痛苦，而且一定會產生無能、罪惡感和羞恥感。大家失敗時，尤其是在抱著極高成功的期望下失敗時，會產生三種重大心理障礙，未來若想成功，一定要先克服這些障礙。

首先，你必須學習如何從無能、罪惡感或羞恥感中解放出來。第二，因為痛苦的經驗可能產生恐懼，你必須學習如何看出痛苦、難過經驗造成的殘餘心理傷害，予以修補。最後，你必須破除不當的交易習慣，學習那些最終會幫助你達成心願、靠交易累積財富的適當技巧。

很多人認為，我剛剛說明的事情看來可能極為困難，我也完全不願淡化其中的困難。即使你還沒有碰到情感創傷，光是學習適當的技巧就不容易。不過你應該記住：你的報酬可能是一個天文數字，有什麼活兒像期貨或股票交易一樣，具有無限潛力的事情是很容易做的嗎？

當你在讀這本書時，必須記得包括我在內，任何人都不能否認你認定的現實結構，即使我認為正確的事情和你認為正確的事情大異其趣，依然如此。力量、暴力、甚至折磨，都不會讓你或任何人違反心願、放棄自己的信念。然而，如果我的建議能夠產生你期望的結果，那麼你可能相當樂意——至少暫時樂意——擱下你認為正確的事情，看看對我有用的事情是否對你有用。

前面提到的過火者顯示，即使過火者知道踩在熾熱炭火堆上的危險和痛苦，某種思考方法可能使他們擱下在炭床上走會使腳受傷的信念。或許你也可以擱下和交易成功之道有關的若干信念。你可能發現自己早期的交易——你考慮成為交易者之前的交易——可能讓你產生互相衝突的態度和信念，抵銷你所有的好意和樂觀的交易，造成失敗。

可想而知，你考慮改變若干最深處的信念前，不但想知道如何推動信念改變的程序，也想知道這種改變在交易上能夠帶給你什麼好處。

你很可能像所有交易者一樣，一再看過交易獲利之道，例如「順勢而為」、「要停損，也要利上滾利」、「資金控管是關鍵」之類的道理。這些名言都很正確，卻也太含糊不清，讓你不容易把這些原則的運用和從中得到的好處聯想在一起，進而產生成功的交易經驗。你大概還記得，我把抗拒認賠當成最常見的交易錯誤，如果你經歷過這種抗拒心理，你很可能也有過下面這種想法：「我一心想賺錢，但每次虧損時我都覺得自己像個失敗者，此時我要怎麼去接受小筆虧損呢？」

不要設法打敗市場

這種無助和因此碰到的財務慘劇，正是本書要討論的重點。如果你能夠改變「虧損」對你的意義和想法，那麼看你改變的程度高低，你承認某一筆交易虧損，而且採取適當行動時，你會從經歷的壓力和焦慮中解脫。

創造驚人交易成就的少數人在某個時刻，會學到不再設法去打敗市場，或強迫市場符合自己的期望或心理限制，他們在交易生涯的某一個時刻裡，會了解一種永無止盡事件對他們心理的影響，這種事件只有在他們決定參與時才開始，在他們賺夠了、行為完全不考慮個人存亡時才結束。最後他們靠著改變自己的觀點，適應這些罕見、嚴苛的心理狀況，不過就像我根據經驗所指出的一樣，這種改變過程和本書為你設計的方法不同，通常不是刻意選擇、採取逐步行動的結果。

我們在日常生活中，要控制外在環境、滿足願望容易多了。我的意思是如果我們必須改變，才能達成願望，我們會發現，改變外在狀況以便符合我們的需要，比改變自己的觀點容易多了。改變自己應該是解決任何問題的最後手段，然而，你為什麼要刻意學習從內心改變自己呢？原因有三個。

第一，是因爲你決定學習表達自己的新技巧或新方法；

第二，是因爲你可能擁有一些妨礙你學習新技巧的信念；

第三個原因我稍後會談到。

現在我舉例說明前兩個原因。我的一位客戶在孩提時代，失去跟他很親近的叔叔，他叔叔很像他父親，且他與叔叔的親密程度更勝於自己的親生父親。

他的叔叔在還很年輕時就因為劇烈運動，引發心臟病而去世。我的客戶在成長過程時基於這種經驗，認為自己如果做劇烈運動也會同樣死於心臟病。

我的客戶把運動流汗後的正常心跳，看成是心臟病發作的徵兆，他會立刻拚命呼吸，不再做自己剛才做的事情。顯然他的死亡觀念很狹隘，因此他從小到大，從來不參加任何體育活動。

等到他年近四十歲時，才認定自己不會像叔叔一樣，因為心臟病發作而早逝。實際上，他是過了叔叔去世的年齡後（客戶認為自己到了叔叔去世的年齡時，也會過世），自己並未死亡，才得到這種認定，放棄整個觀念。他為了強健體魄，要我教他跑步祕訣，因為他知道我已經跑步很多年了。對他來說，跑步算是新技巧，而且絕對是表達自己的新方式，因此我們一起跑步時，他當然發現自己跑不動，不是不能像一般人一樣舉步，只是每次他的心跳開始加快時，他就停住不動，即使他有心想跑下去，結果也往往是跑不動。在他心裡，因為運動而死亡的信念力量仍然很大，成為妨礙他跑步的阻力。他的意識下令身體繼續跑，但是互相衝突的信念告訴他：「不行，老兄別跑了，再跑心臟就會吃不消的。」在這種情況下，很容易判定他心中的哪一個因素比較能夠影響他的行為。

為什麼要從內部學習改變，而不是強迫環境配合你的心理結構，原因完全和交易有關。市場實在太大了，長期而言，個人根本不能戰勝市場，即使是團體也辦不到。換句話說，如果你沒有財力讓價格照著你的方向走，那麼你一定得學會如何跟著價格走，一定得適應外在狀況。

你可以選擇適應，或繼續經歷痛苦的教訓。有一個簡單的建議可以依據：你交易時體驗到難過不安的程度，是你應該多深入的改變才能毫不害怕的交易、持續獲利的絕佳指標。

你或許會問：「為什麼要從心理觀點看待市場？無論個人對市場有什麼想法或感覺，市場的行為不是始終這樣嗎？」

我的答案是這樣的：「市場行為始終如此，是成千上萬個人互動的結果，因為不論國籍、宗教信仰或身分，人都有一個共通的地方——那就是心理結構相同。」碰到壓力或必須在片刻之內做決定時，這種心理結構的行為十分容易預測，在市場上喪失金錢的恐懼，和擔心遭到野獸攻擊而喪失生命的恐懼一樣強烈。

雖然我們集體參與市場，但是對所有的人而言，市場並不相同。對每一個個體來說，市場的每一步行動都有不同的意義和衝擊，每一位交易者當時的體驗，都是個人處理環境輸入心中資訊（認知）的結果，處理影響個人行為的所有獨特心理因素的結果。因此，即使兩位以上的交易者可能對行情有共識，行情對他們的個別衝擊也不會相同。

你對特定價格的看法改變，是你的信念改變的結果，身為交易者，你必須根據你對未來的看法，不斷的界定什麼是高價、什麼是低價。你想賺錢，唯一的法門就是——低買高賣或高賣低買。只要價格繼續波動，就會創造買低賣高或賣高買低的機會，讓所有交易者利用。你根據自己的信念、意願、認知和規則，在心裡創造了這種遊戲，這是你自己獨一無二的認知，不是別人的認知，其中的祕密是你可以選擇你對事件的認知方式，也會做出這樣的選擇。即使你不確知如何控制和改變認知，以便做出其他可行的選擇，你仍然可以選擇，甚至可以出於無知做出選擇。

在你學到適當的技巧前，你的交易成功與否，會由一些心理因素決定，這些因素經常和市場沒有什麼關係。

失敗的交易者

交易者失敗的原因可以分為三大類。

缺乏技巧

交易者通常不知道交易環境和所有其他環境不同，從表面上看來，交易應該很容易，有機會在相當短的期間內，賺到極多的錢。

交易者的成功期望因而自我膨脹。堅持這種期望卻沒有適當的技巧，會失望、痛苦、恐懼，造成心理傷害。恐懼會傷害交易者維持客觀、執行交易和學習市場本質的能力。

沒有適當的技巧當然也可能賺錢，但是這種交易者一定會把賺到的錢吐回去，而且還要倒賠，結果就是失望、痛苦、心理傷害和恐懼。

大家通常不知道怎麼修補心理傷害，因此不知道怎麼從恐懼中解脫出來。為了補償，我們學會若干非常複雜的方法掩飾恐懼。

我們在社會上可以裝成信心十足，甚至裝成很成功，掩飾真相，因為大家通常會互相支持彼此的幻想。然而，市場沒有既得利益，不會支持任何人的幻想，交易者覺得害怕時可以盡情掩飾，但交易結果會立刻反映他真正的感覺。

限制性的信念

大部分人有一大套妨礙交易成功的信念，其中若干信念你可能心知肚明，但大部分信念你都不知道。無論如何，你都不能否定這些信念對你的交易行為影響很大。

很多人會以精通市場分析的方式，迴避這些限制性的信念。但不論你多擅於分析市場，如果你不能擺脫這些信念的影響，心智系統繼續受到限制，成功的程度還是有限。有很多市場大師預測市場波動異常精準，但是自行交易卻不賺錢，他們不知道這些信念的本質，不知道這些信念會決定和影響行為，或是不希望面對和這些信念有關的問題。你必須處理好信念的問題，否則就不會有所進步，如果你決定什麼都不做，你會不斷陷入重複出現的否定經驗循環，直到你認定必須解決問題，或是虧光所有資本、放棄交易為止。

缺乏自律

如果你沒有適當的因應技巧（不會傷害自己），應付現有的環境狀況，你必須制定若干規則和限制，指導你的行為，學習配合自己最大利益行動的方法。孩童時期，父母不會讓你單獨過馬路，因為你沒有能力安全穿越馬路，讓你自行過馬路，後果可能是你再也沒有機會穿越馬路；等到你有能力正確分辨交通的本質時，你父母才會相信你有能力過馬路。

他們相信你之前，總是怕你被汽車撞到，因此，他們不管你有沒有機會過馬路，都會限制你的行動自由。

和交易環境互動也是這樣，不同的地方是，沒有人會阻止你站在馬路中間，以免被卡車撞到（這種說法是比喻），只有你能夠阻止自己。你遭撞一、兩次後，不管對面的機會看來多好，過馬路都可能變得不是這麼容易。

如果你（我們繼續用交通這個比喻）進一步了解汽車和卡車可能隨機撞上你，舉步過馬路會變得更難。突然間，你被車撞到躺在馬路上，甚至不知道為何會被車撞，因為你認為自己已經很小心了。

第二部分

交易心理與交易環境的特性

在交易環境中，你做了什麼決定，結果會立刻顯現，你只能改變自己的內心，不能改變其他的一切。你能否創造更多讓你滿意的交易結果，取決於你的心態多有彈性。

第一章和第二章大致說明了交易的若干困難，在隨後的六個章節裡，我要從個別交易者的心理觀點，深入解釋市場環境的特性。從這種觀點來看，你會看清市場環境和你學習內心運作的文化環境大不相同，你會面對一些罕見的心理挑戰。

我的主要目標是讓你清楚了解爲什麼交易獲利這麼難、爲什麼獲利的人這麼少、爲什麼你可能必須改變若干根深蒂固的文化態度和信念，才能在交易環境中成功運作。

第三章

市場絕對正確

如果市場不同意你的信念，不論你的資訊品質和推理過程多「正確」都無關緊要，因為價格會向力量最大的方向走，市場不會在乎你是怎麼想的。

如果所有交易突然在特定價格上停頓下來，這種「最後報價」代表什麼意義呢？最基本的意義是：它代表所有交易者比較未來後，得到的相對價值共識信念。最後價格（或當時行情）直接反映所有市場參與者的信念。因此，如果有兩位交易者各自希望以一定價格買進和賣出，然後進行交易，兩人就成為造市者。

換句話說，市場要順利運作，只需要兩位交易者願意以一種價格交易，不管他們用什麼標準來判定價值，判定自己或別人的信念系統是否合理、是否有意義，如果兩位交易者願意藉著交易，表達他們對未來價值的信念，他們就創造了市場。除非交易可以解約，否則這筆交易的本質一定正確，原因是交易確實已經成交。

除非你的交易量大到足以控制市場，引導價格朝你認為正確的方向走，否則你的願望、想法、信念或期待對整個局勢都不會有影響。要想控制市場，你的買盤或賣盤力量必須夠大，足以吸收所有信念和你不同、又有足夠的財力，隨時可以就你期望的價格出價或還價的相反買盤或賣盤。

對市場行為觀察家來說，每筆交易和交易產生的價格波動型態，都可以告訴你和市場持續性和可能走勢的資訊——前提是你必須看得出其中的意義，並且把這種意義放進定義機會的架構中。如果你能夠看出現在價格和未來價格的相對高低，價格波動就會創造買低賣高或買高賣低的機會，價格朝任何方向波動，等於運用多少力量來產生這種波動。

例如，如果價格跌破空前新低，除非你的交易量夠大，能夠把價格拉上去，否則你可能相信價格這樣下跌並非沒有意義。既然價格跌破空前新低，你必須考慮一定有比較多的交易者，相信當時行情高於他們認定的價值，至少高到足以讓他們認為空前新低是賣出機會，否則他們應該不會賣出。價格持續走低，顯示認定價格偏高、應該賣出的交易者比較多，願意（以空前新低價）買進的交易者比較少。

從市場觀點，解讀市場提供的資訊

不論你如何相信你的價值信念，但是如果市場不同意它，不論你的資訊品質和推理過程多「正確」都無關緊要，因為價格會向力量最大的方向走，市場不會在乎你是怎麼想的。重點是對錯——用傳統方式思考的對錯，在市場環境中並不存在。在市場環境裡，學術證書、文憑甚至很高的智商，都不能像在社會上一樣，提高你的正確性。交易者根據自己對未來的信念進行交易，是唯一能夠造成價格波動的力量，波動會創造賺錢的機會，賺錢就是交易的目的，進行避險交易、保護資產價值的目的也是賺錢。

個別交易者會針對市場狀況，界定什麼情形代表很好的機會，足以讓他根據適合自己的原因，進行交易賺錢。不管你認為他的想法錯得多離譜，如果所有交易者的集體行動淨結果和你的操作方向相反，那麼他們就是正確的一方，你就是虧錢的一方。

市場行為絕對不會錯誤，事實就是這樣。因此，身為和市場互動的交易者，你必須面對只有你可能犯錯，市場是絕對不可能犯錯的環境——不論你是否先觀察和辨認機會，再進行交易參與市場，情形都一樣。身為交易者，你必須決定正確和賺錢之間，哪一種比較重要，因為兩者並非總是相容或協調一致。

第四章

盈虧可能永無止盡

在任何交易中，你絕不會知道價格會從任一定點波動到多遠。從交易心理的觀點來看，獲利、快樂、力量，乃至於「賺到驚人財富」等想像，是極為危險的事情。

拿賭博和市場相比，最能清楚說明市場環境「永無止盡」的觀念。不論是哪一種賭博，你每賭一把，對自己可能輸贏多少，總是一清二楚，你很清楚自己要下多少賭注、很清楚自己可能輸贏多少，你甚至知道輸贏的機率有多少。

市場環境並非如此，在任何交易中，你絕不可能真正知道價格會從任一定點波動到多遠。如果你根本不知道市場行情會走到哪裡，那麼你會很容易相信靠交易賺到的錢不會有限制。

從心理觀點來看，這種特性會讓你沈迷在幻想中，認為每筆交易都可能實現你最離奇的財務自由美夢。根據市場參與者的一致性（買方和賣方的比率），基於他們的力量很大，大到足以讓價格朝著對你不利的方向波動的情況來看，你的美夢幾乎不可能實現。然而，如果你相信機會存在，你通常會搜集符合和強化你信念的市場資訊，同時否認可能告訴你最大機會在另一邊的重要資訊。

如果你的交易虧損，行情走向可能背離你的進場價格愈來愈遠，隨時會加深你的虧損幅度。這時，你或許只能想像市況會恢復到對你有利，而不是面對市場繼續對你不利的可能性。這種思考過程會持續下去，最後虧損會把你壓垮，突然間，虧損增加的可能性遠超過回本的可能性。你最後平倉時，可能根本無意承受這麼大的虧損，甚至想像不到你會讓自己虧這麼多。

從交易心理的觀點來看，獲利、快樂、力量等想像可能沒有止盡，乃至於「賺到驚人財富」等想像，都是極為危險的事情。這種可能性確實存在，但實現的機率有多少卻是另一回事。

我們可以利用幾個心理因素，精確評估市場可能的波動方向，其中一個因素是擺脫每筆交易都可能實現你所有美夢的觀念，這種幻想至少是個重大障礙，會使你無法學習怎麼客觀看待市場行為。如果你繼續用證實信念的方式過濾市場資訊，你應該不必擔心學習客觀的問題，因為你很可能虧到沒有資金可以交易了。

第五章

價格不斷波動，沒有開始和結束

要持續一貫的在交易中獲利，你一定要學會讓市場告訴你兩件事：第一，下一步的走勢會如何？第二，盈虧多少才算夠？

市場總是波動不居，從不停止，只會暫停。只要有交易者基於任何理由，願意用高於最後價格的價位買進，就會拉高價格，或是有交易者願意用低於最後價格的價位賣出，從而壓低價格，價格就會一直波動。理論上，即使市場已經收盤，價格仍然繼續波動。例如，隔天開盤時，交易者可能用什麼價格買進或賣出，不見得和前一天的收盤價相同。

一般人想像的進場、持有、平倉三種簡單決定，會變成「決定賺賠多少才夠」的連續過程。如果你的交易處在獲利狀況，錢難道有賺夠了的時候嗎？貪念會從永遠賺不夠的信念中出現，在不斷波動、沒有限制的環境中，賺更多錢的可能性總是存在。真正的貪婪可能永遠沒有滿足的時候，不管貪心的人已經賺到多少錢，他們總是覺得不夠。如果你的交易虧損，你會希望虧損不存在，因為虧損代表失敗，拒絕承認虧損，好讓你行動時可以裝成沒有虧損一樣，說服自己相信自己做的交易賺錢，只是交易還沒有進入對你有利的狀況而已。

「賺多少才夠」的問題可以用無數方式回答，決定答案的因素包括你對資金價值的看法、你需要錢做什麼、錢多重要、你是否真的能夠拿這些錢冒險、你的安全感多高、今天足夠的錢明天可能因為生活中其他因素而覺得不夠的想法等等，這些問題都沒有明確的答案，而且會隨著環境狀況的改變而變化。因為以上所講的這些因素是個人問題，和市場方向毫無關係，和會不會出現某種市場波動也毫無關係，只會破壞你對市場波動的觀察。成功的交易者總是強調「只能用你虧得起的錢交易」，原因就在這裡，意思是這種資金在你的生活中沒有什麼價值，這些資金的意義愈不重要，「賺多少才夠」的問題愈不會破壞你對市場波動的觀念。

因此，如果你容忍這種想法，你的交易又虧損，市場總是會引誘你，想到獲利的交易可以賺更多錢，讓你找到希望，堅持下去，證明市場會恢復原狀，讓你還本。屈服在這種誘惑下，會害你承受非常痛苦、難過的後果。

從心理觀點來看，市場環境沒有結構——沒有開始，也沒有結束——我的意思是（在你基於市場每天都定時開盤和收盤，認為這種說法不正確前）從個別交易者的觀點來看，市場是在你決定進場時開始，在你決定出場時結束，和開盤或收盤無關。

你可以隨心所欲，自由建構這種遊戲，你可以在你想參與時進場，可以在有很好的進場原因時進場。事實上，只有在你決定盈虧已經夠了、採取適當行動結束遊戲時，遊戲才會結束。這一點對交易者的心理影響極大，進場交易涉及你對機會與風險關係、錯過機會、需要確定踏實、不能犯錯等信念。

平倉涉及你所有和虧損、貪婪、失敗、控制有關的信念。對大部分交易者而言，獲利無限的可能性會使進場比出場容易多了，因為出場要面對天人交戰，一邊是無限獲利的可能不斷誘惑你，另一邊是要面對虧損、貪婪和失敗的信念。

這些都是個人的心理問題，和客觀的市場行為完全無關。我在本書的第三部分裡會解釋，其中更重要的問題是：你的虧損、犯錯、失敗和控制等信念如何運作，和你的意願無關。你可以回想自己上次看出獲利機會時，卻因為怕犯錯或虧損，以致動彈不得，無法進行交易的例子。只要你心裡有這些問題，你對市場活動的認知、你的決定和根據決定行動的能力，就會受其影響。

被動的輸家

然而，和市場「無始無終」特性有關的傷害因素中，殺傷力最大又最重要的因素，是你會因此變成被動的輸家。要說明這種觀念，最好拿市場和賭博相比。例如，賭客在玩二十一點、賭馬或擲骰子時，必須主動決定要不要加入賭局，事前明確決定要下多少賭注，賭局的開始和結束則由遊戲規則決定。

輸錢的風險受到賭注的多寡限制，每一個新賭局是新的開始，贏錢的機會可能由數學機率決定，每次賭局完成後，遊戲規則會自動判定賭客出場。賭局結束時，賭客清楚知道結果如何，然後必須主動決定是否再參賭。因此遊戲的結構強迫賭客變成主動的輸家，賭客在已經輸掉的錢之外，必須再下注，才可能再輸錢，他必須主動參與賭局，才會輸錢，若沒有作為，就不會再輸錢。顯然如果賭客什麼事情不做，財產就不會損失。

如果賭客持續輸錢，他必須正視輸錢和失敗的信念，徹底退出遊戲，這樣做可能很難，因為他總是可以把賭博合理化，說根據機率，他最後一定會贏錢，而且他總是可以再玩一盤後才罷手不賭。但他不必動用心智結構來結束賭局，因為賭局會自動結束。

這種情形和市場環境大不相同，在交易市場中，你可能變成被動的輸家，一旦你進行交易，要打斷虧損，你必須主動參與，如果你什麼事情都不做，虧損就有可能會繼續增加，市場交易部位的侵害可能沒有止盡。如果你因為任何原因，決定不採取行動，或不能行動，你可能虧光一切，還要倒賠。看你的部位大小和市場的波動性如何，這種情形可能很快就會發生，想要解脫，唯一的方法是面對個人和貪婪、虧損與失敗有關的問題。每筆交易中會出現什麼特定問題，要由你的交易是賺是賠而定。

我們似乎全都會憑著本能，避免面對可能讓人痛苦的問題——例如太早出脫賺錢的部位，或承認錯誤然後停損。最簡單的迴避痛苦的方法就是說服自己（沈迷在幻想中），相信我們的部位是好交易，有無限的賺錢機會，或是搜集所有顯示交易沒有虧損的證據。在這兩種狀況中，我們都不必面對內心的力量，因此不能隨時客觀看出市場趨勢和獲利潛力。

市場非常容易讓你不必面對這些難堪的心理問題。例如，如果你把注意力放在一檔、一檔的價格波動，市場可以用圖表顯示幾十億種行為特性、顯示幾十億種從一檔變成下一檔的價格型態。你可以非常輕鬆的利用這種資訊，支持你對未來趨勢的任何信念、理論、道理、扭曲或幻想。

交易者大都會設法簡化價格波動，認為價格只有上漲、下跌或大致維持平盤三種走勢，有些人甚至可能進一步扭曲這種邏輯，認為任何交易都有一半的成功機率。當然沒有什麼事情比這一點更偏離事實了，例如，假設價格在整個交易日裡，都在十點之內波動，如果你考慮從最高價跌到最低價、然後又從最低價回升到最高價的每一點波動過程，請問市場可能展現多少種價格型態？

我不是統計學家，但我敢說市場上至少有幾百萬種價格型態。為了進一步說明這一點，假設A點是波動範圍的底部，價格可能上漲一點、下跌兩點，再上漲一點、下跌三點；然後上漲兩點、下跌一點，再上漲一點、下跌兩點；接著上漲三點、下跌一點，又上漲兩點、下跌一點；然後上漲一點、下跌一點，上漲兩點、下跌一點；隨後上漲三點、下跌一點，上漲兩點、下跌一點；接著上漲三點、下跌一點，下跌一點後又上漲一點，再上漲兩點後下跌一點；最後上漲三點，漲到B點，也就是從A點上漲了十點——這種情形顯然是非常短期間常見的價格波動模式，卻只代表幾百萬種可能型態中的一種，而且你看出的每一種型態在未來的某一個時點，都可能重複出現。

如果你在A點買進，價格高於你的買點的機率有多少？明天或後天，價格不跌破你的買點，而是直接漲到A點之上的機率有多少？一旦價格跌破你的買點，再也回升不上去或再也跌不下去的機率有多少？要回答這些問題，你必須非常了解市場的持續性，也知道市場行情可能的走勢。總之，在大部分交易者處理這種波動的情緒傾向——認為每筆交易成功機率是一半一半，然而市場的情況卻不是這樣的。

為了說明另一點，假設你在A點到B點中間一半的地方放空，接下來你通常會比較重視那些價格資訊？自然是下跌的價格資訊，這些資訊符合你的信念，上漲的價格資訊不符合你的信念。但是，每個價格之間的關係會顯示一些市場持續性的資訊，顯示市場走勢的資訊，如果你特別重視符合期望或信念的資訊，你怎麼能夠精確評估這種資訊？事實上，你應該會利用這種資訊，滿足你的希望、夢想、期望和願望，而不是用來評估可能的市場行為。

市場的資訊

因此，市場會提供致命的市況組合，強迫你面對求生存的個人難題，市場會產生各式各樣的資訊，讓你用來支持任何幻想、扭曲或期望，從而避免面對可能造成痛苦的問題。此外，市場會持續發展下去，到你和內心調和、促使問題結束為止。除非你的經紀商結算你的部位，否則你是唯一能夠結束問題的人。

要持續一貫的在交易中獲利，你一定要學會讓市場告訴你兩件事：第一，下一步的走勢會如何？第二，盈虧多少才算夠？想一想市場的下一步走勢，和你的虧損、犯錯、貪婪（永不知足的恐懼）以及和你的「報復」信念系統之間絕對毫無關係，這個時候你就會知道要做到這一點極為困難。

我預期很多讀者會對自己說：「我可以了解虧損、犯錯和貪婪問題，但市場走勢怎麼會和報復有關呢？」要說明這一點，最好的方法是回頭看賭博的例子。賭博時，你最多把下注的金額輸掉，你把一筆錢投下去賭博，很難不接受賭輸的責任。交易者卻會因為看不出可能的發展，或是不能執行平倉交易，輕易虧掉遠超過原本投入冒險的金額。

你可能願意承擔虧掉最初投資的責任（不過交易者大都不願意承擔責任，這點後文會進一步說明），但是要為超出的虧損負責，可能不是這麼容易。這就是報復因素發揮作用的地方，如果你不承擔虧損的責任，請問你可以怪誰、可以怪什麼事情，當然是怪市場，市場奪走你的資金，如果市場奪走的錢超過你原來的投資，你可能會覺得必須把錢搶回來。

例如，假設你上一筆交易虧損二十點，那麼現在這筆交易賺十點夠不夠？市場可能明確告訴客觀的觀察家，說明價格已經走到盡頭，想要獲利最好是現在實現獲利。如果你上一筆交易虧損二十點，接下來你原本打算冒五點的風險，市場現在提供你十點的獲利，你要接受嗎？如果你不顧市場告訴你什麼訊息，認為「賺回」十點不夠，你至少要賺十五點，最好是賺二十點才能回本。

你上次的交易顯然和市場任何時候的潛力毫無關係，必須把虧損賺回來的想法會使你和市場形成敵對關係，市場變成你的對手，你和市場作對，而不是配合市場。市場不能奪走你不容許市場奪走的東西，如果你虧損，或虧損超過你願意冒險的金額，其實你是把錢送給其他交易者。然而，到了最後，報復可能讓你和自己形成對立關係。如果你是把錢賠給市場的人，你會希望把錢從市場中賺回來。如果你因為讓上次交易如此失控，生自己的氣，你對市場「現在」提供的機會一定會不滿足。從心理觀點來看，你不會利用這個獲利機會，也可以說你沒有把上次交易當成正確的交易。事實上，你會否定目前或下一次的交易，以便為過去的錯誤懲罰自己。實際上，你不能報復市場，報復的信念只會讓你報復自己。

你能否讓市場告訴你下一步走向如何，和你擺脫虧損、犯錯、報復市場想法的負面影響程度，有著直接關係。大部分交易者不知道這種關係，他們會從受到汙染的角度，繼續觀察市場，最後要透過嘗試、錯誤與聯想，或者看了如本書之類的教學，才會了解這種關係。但是等到他們想通時，他們通常已經受到極大的心理傷害，使交易獲利之路變得崎嶇難行。

本書之所以會如此深入地處理個人心理轉變的問題，主因就在這裡，因為你必須知道你是否受到傷害、知道如何辨認傷害，最重要的是——你必須知道如何擺脫傷害。

第六章

市場環境沒有結構

大部分的交易者除了直接拒絕擬定交易計畫外，他們也花費很多精神，在心裡為自己的行為和交易結果之間，盡可能地劃出遙遠的距離。

市場環境不像社會活動，沒有結構、沒有明確的起點和終點，也沒有嚴格規則指引你的行為，市場環境比較像不斷流動的河流，沒有源頭、沒有盡頭，幾乎也沒有結構。你一旦跳進河裡，河流隨時可能改變方向，你跳進去時，河流可能向北流，但在你完全沒有注意的時候，河水可能開始向南流。市場沒有任何結構，一切規則靠你自己制定，自由發揮的空間很大，但你得控制好自己。

你必須決定是否要跳進去、何時跳、用多大的力量跳，如果你已經身在其中，你隨時可以決定增加或減少你應用的力道。沒有規則阻止你，你隨時可以跳出來，改變原來的方向，順著市場流動；你也可以跳出來，在旁觀望，市場還是會繼續流動。

在沒有結構和限制的環境中，你必須自行制定規則，以便指引你的行為；你必須定出定義，好讓自己有方向可循。如果沒有規則，可能性會太多，會讓你不知所措，最可能的結果是會出現可怕的虧損。其中有個重大的心理問題，就是如果你自行制定規則，也遵照規則行動，你也必須為你的行為和結果負全責。你負責的程度等於你不能把責任移轉給市場、變成市場受害者的程度。

對自己負責

一般交易者因為不希望為自己的交易結果負責，會盡力避免制定規則和定義。如果交易者清楚自己要做什麼、處在什麼狀況下，就有衡量自身表現的標準，因此必須承擔責任。交易者大都不希望這樣做，寧可讓自己和市場的關係保持一點神祕性。

這樣會為交易者創造真正的心理矛盾，因為要學習有效的交易之道，唯一的方法就是創造結構，促使自己對自己說清楚，但隨著說清楚而來的是責任。一般交易者渴望賺錢，但他們卻希望以行為和結果沒有直接關係的方式賺錢，以便在結果令人不滿意時逃避責任。

要制定計畫，你必須預期事件和你的計畫深度多少有點關係。事前規劃交易，可以說是考驗自己對未來的看法和創造能力，也是讓自己對自己負責。你的計畫不是行得通，就是行不通，你不是有能力執行計畫，就是沒有能力。總之，計畫是你定的，有沒有能力遵照計畫辦理是你的問題，因此如果計畫行不通，你很難移轉責任，怪罪別的事情。

如果交易者對市場行為不夠了解，不知道自己要在哪種市場狀況下做什麼事情，同時卻深受他所知道的市況和機會吸引，又對學習過程不耐煩，不耐煩和深受吸引會使他覺得必須採取行動，即使他不知道該採取什麼行動也一樣。一般交易者會怎麼解決這種問題？會玩「跟風遊戲」，把別人都在行動的狀況合理化，此外，他會認為所有交易者都在揮手和嘶喊，這種情形不可能是害怕，也不是像他一樣無知，這些人應該知道自己的所作所為，不然至少也比他了解市場。如果他跟著做，他也可以賺錢，更好的方法是找出最成功的交易者，然後跟著行動。

這種推論會產生跟風心理（在交易廳裡極為常見），幾乎每個人都在尋找方向，都認為別人知道的事情比自己多，否則他們應該不會採取行動。在團體裡，這種集體心態變化非常劇烈，一位主要交易者會引發無數無窮無盡的連鎖反應，每個人都模仿其他人，都認為別人的行為一定有點道理。

事實上，我不會把交易廳裡的這種現象稱為「跟風」，說是「盲目跟隨」還比較適當，因為無論是什麼時候，大部分交易者不知道領頭的人在做什麼，也不知道誰是領頭的人。因此團體行為像往復波動形成的無盡浪潮，最接近領導者（領導者徹底了解自己想做什麼，也知道自己為什麼這樣做）的交易者最先有機會用最適當的價格上車，第二接近的人賺錢機會變得稍差，然後以此類推，到技巧最差、根本沒有多少賺錢機會的交易者為止。

如果市場沒有領導者，價格通常會狹幅震盪，到知道自己在做什麼的人進場為止。如果價格在盤中或尾盤大幅波動，所有跟風的徒眾都會聚集在一起，尋找其中的原因和道理，用大家能夠了解的方式說出來。基本上，這就是大家一致認定足以解釋當天市場行為的原因。然而，領導者（為自己的交易負責、完全了解自己為什麼採取行動的人）不會覺得自己必須和任何人談話，通常也不會跟任何人談話。跟風的人不希望認為自己是不理性和隨機行動的人，會覺得必須在本身之外尋找原因，因為他們在自己身上找不到原因。

對跟風的人來說，這種交易方法能夠發揮很多功能，能夠保持他和市場之間關係的神祕性。如果他賺到錢，表示他的所作所為正確無誤；如果他虧錢，他可以怪罪市場，這樣做的交易者很多，顯然大部分交易者都認同這個做法。在這種集體行為中，個人行為的原因或解釋可以留到後來（事實發生後），才由團體的共識意見決定。這樣個人可以維持自己理性而負責的幻象，他的遭遇也是很多其他交易者的遭遇，因此至少他知道自己並不孤單，這種感覺會在競爭者之間產生同氣連枝的同志感。

交易天地之外的大部分人認為，交易者是堅強不屈的人，把他們和企業家聯想在一起，認為他們善於決斷、堅忍不拔。局外人會驚訝的發現除了少數成功的交易者外，其他交易者隨時都不知道自己下一步要做什麼，甚至不知道自己為什麼會這樣做。如果你請他們明白告訴你他們怎麼賺錢或虧錢，他們會說不出道理。此外，除了領頭的人外，隸屬於團隊之內的交易者大多優柔寡斷，沒有耐心之至。如果你考慮一般交易者的心理架構在正常狀況下，離過度的恐懼只有一步之差，要判定箇中原因並不難。要解決交易者的很多心理問題，整頓秩序和創造結構顯然是解決之道，但這樣也會迫使他們跨越心理界線，必須清楚說明和負起責任。

大部分的交易者除了直接拒絕擬定交易計畫外，他們也花費很多精神，在心裡為自己的行為和交易結果之間，盡可能地劃出遙遠的距離。我認識的很多交易者極為善於獨立分析市場，卻仍然會尋求其他交易者的意見，再根據別人的建議行動，而不是自行進行交易。其原因完全是他們不願在交易失敗時負起責任，但是，如果他們堅持自己的分析，通常會產生比較好的結果。

很多場內交易員每天交易幾百口合約，雖然他們必須在交易卡上，記錄每筆交易，卻不肯精確紀錄自己的淨交易部位，他們宣稱自己太忙，或是加錯了。一天的交易結束時，他們極為焦慮的計算自己的交易卡，希望或祈禱看不見的力量協助他們完全平倉（沒有淨多頭或空頭部位）。

就他們的問題而言，簡單的解決之道顯然是限制他們的交易量，不能超過他們總是可以清楚記錄的範圍，如果他們記不清楚，就應該停止交易，到釐清帳目為止。但他們不希望這樣做，因為如果他們清楚記錄自己的部位，就必須為結果負責。如果他們不小心，在當天交易結束時，留下淨多頭部位，隔天早上，開盤價開高好幾點，他們該怎麼辦？看不見的市場力量保佑他們掌握了賺錢的部位；相反的，如果市場開出低盤，他們總是可以找到別人或別的東西，推卸自己的惡運，例如他們的幸運領帶被誤送去乾洗了，或是他們在來交易所的路上，一連碰到了三個紅燈……凡是能夠推卸責任的原因或藉口都可以派上用場，從最有力的學術術語、到最迷信的信念，都可能是原因。若結果差強人意，他們會把責任全都推給外界。

心理陷阱

在沒有限制的環境中，你為自己制定的結構愈少，你負的責任愈少，愈容易受事件的力量左右，愈不能控制自己的生活。但是，結構較少有一個好處，就是便於把自己生活中所發生事件的責任，推給其他不明的力量。這正是很多交易者這麼迷信的原因，如果個人拒絕把自己的思維、意願、技巧和結果串連在一起，自然很容易把自己的成敗，歸咎於當天打的領帶，或無意間做出來的某些姿態，於是發現自己交易虧損時，就把這種姿態和虧損聯想在一起。

我親身經歷的故事可以說明交易員的典型迷信，有一天早上，我在芝加哥商業交易所的洗手間，走向唯一一個沒有人在使用的小便池，正在旁邊小解的一位場內交易員轉頭看著我，小心翼翼的說：「別上那個小便池，你可以等我這個，我馬上就好了。」我困惑的看著他，他指著小便池底部的一分錢，我又困惑的看著他，因為我一點也不知道他想告訴我什麼。我使用那個有一分錢的小便池時，他的臉上出現緊張的表情，而且盡快地從我身邊走開。

那天稍後，我把這次經歷告訴我的一位場內交易員客戶，問他到底是怎麼回事。他說這是相當普通的常識，小便池底的錢代表惡運，是應該避開的東西。我想了一想，如果我在交易所所有的小便池裡都放了一枚硬幣，不知道結果會如何。

這個故事說明一般交易者陷在心理陷阱中，拒絕為自己的交易活動擬定計畫和創造結構，以便避免為自己的結果負責，這一來自己就會受群眾的奇思異想左右，受自己荒誕的衝動影響，發現自己的交易有賺有賠，卻不知道其中原因，也不知道下一步該怎麼辦。這種陷阱極為不利，因為這樣會創造一種可能有害的心理狀況，我把這種狀況稱為「隨機輸贏」。如果你不能界定你自己和市場的行為，你就學不會如何重複創造獲利的交易或避免虧損。

獲利時極為愉快會產生重複創造獲利的需要，強迫你再度嘗試。你跟著群眾的腳步走（而不是進行事先計畫、預測群眾的動向），或是根據消息、明牌或技術系統的孤立信號交易時，下一次打算自動獲利的預期會產生恐懼和焦慮。

為什麼？因為你不能界定上次獲利的市場狀況或決策過程，因此不能保證下一筆交易會賺錢。

如果你不知道上一次你是靠什麼賺錢，那麼你顯然不知道該怎麼做才不會虧錢，結果就是極度的焦慮、挫折、困擾和恐懼，你覺得失去了控制，體驗到無力感，受到隨之而來的事件影響，不知道市場今天會怎麼對待你。如果交易者絕對信任自己在所有市場狀況下，都能夠根據自己的最大利益採取正確行動，市場根本不能對他造成任何影響。交易者能夠這樣信任自己前，首先必須界定所有這些狀況，還要能夠辨認這種狀況。

可想而知，承擔責任是非常困難的事。我們所在的社會對於這個成長過程中應該建立的觀念，尚未高度發展，因此我們非常不能容忍「犯錯」這件事。我會這樣說，是因為我們從小也是如此被教育的——犯錯，是貶損個人價值的行為。而現在，我們也是這樣教育自己的小孩，如果小孩犯錯了，我們通常會取笑他，而取笑並不會加強小孩承擔責任的意願。

負責和自我接受息息相關，你可以評估自我接受的程度，方法是看你自認為犯錯時，正面或負面看待自己的程度有多高，你看待自己的負面程度愈高，避免承擔責任的傾向愈高，這樣你可以避免嚴厲自我批評帶來的痛苦，這樣會產生犯錯的恐懼。如果你自我接受的程度愈高，你的想法會愈積極，你從經驗中學到的眼光愈高，卻不會產生恐懼。你愈接受自己，愈容易學習，因為你一定不會避免某些資訊。

當大人們發覺小孩子的缺點時，我不知道是否有辦法教孩子們接受自己。如果大家對自己行為的結果，抱著比較願意接受的態度，大家應該就不需要逃避責任。

市場會強迫想獲利的交易者，用全新的方式負責。例如，你不能進行交易後，就把責任推給市場，要市場替你行動，替你賺錢。市場不斷流動，若干交易者隨時可能決定大舉投入，力量大到足以改變其他交易者的期望，造成其他交易者逆轉部位，從而否定你片刻前進行交易時認為存在的可能性

我們的日常生活非常穩定，日常大小事改變的速度和頻率，遠遠不如市場狀況的變化。和市場環境的本質相比，我們全都認為，我們熟知的建築物、樹木、交通號誌和街道，理所當然都是完全靜止不動的東西，從此刻到下一刻都會存在。你今天早上走出大門時，不會發現你住的街道和前一天晚上你進家門時不同，如果把前往辦公室或工作場所看成是賺錢機會，你應該會認為理所當然的該走常走的路。

然而，如果拿賺錢機會和市場上的機會相比，如果地點不斷變化、街道的相對位置也在變化，又沒有人關心你在街上能不能找到路，你必須要為結果負全部責任時，你要怎麼辦？

要在市場環境中有效運作，你必須對自己負責很有道理，否則的話，如果你讓自己

受到你無法或不想辨認的內（外）在力量影響而進進出出的話，你怎麼能夠學會交易之道呢？因為你自己的行為很神祕，市場行為看起來也會很神祕。因為你不知道下一步該怎麼辦，你會一直處在困惑、焦慮和恐懼之類狀態中，這種心態是迷信滋生的好環境。

你身為交易者，是推動價格集體力量的一環，因此了解自己就是了解市場。如果你不了解影響自己的內在力量，你怎麼能夠充分了解集體行為，以便利用團體行為把團體的錢賺走？你真正了解什麼內在力量影響你的行為、為自己的作為或不作為、為自己能夠或不能夠做的事情負責時，你會開始看出團體中其他交易者的行動方式和原因。

在你大致能夠控制自己後，就可以看出其他交易者像風吹兩邊倒的青草一樣，任人踐踏，無法控制自己碰到的事情。在你超脫集體心態、脫離「青草」階段前，你無法看出這一點。到了這個階段，要了解集體行為、要預測群眾下一步會做什麼，再盡量利用這種狀況，應該會變得容易多了。你對群眾的了解當然不會超過你對自己的了解。

創造定義和規則以便負起責任，只是踏上長期成功之路的第一步，你可能承認這些東西確有必要，也擬出定義和規則，卻發現要遵照、實施它們極為困難。本書的第三部分將評估交易者心智力量之間的互動，說明為什麼這種互動會讓你難以遵守規則。

第七章

市場中，理由無關緊要

交易者大多都不知道自己採取行動的原因，事前也不擬定交易計畫，因而消除了自己和交易結果之間的關係。

「市場中，理由無關緊要」是因為某些交易者，自認知道市場基於什麼原因才會表現各種行為，也認為這種信念有助於他們判定市場的下一步行為。要相信這種說法，必須先假設交易者知道自己基於什麼原因，才會採取各種行動，而且這些原因有助於判定他們未來的行為。

交易者為了解釋本身行為提出的原因根本不重要。交易者大多都不知道自己採取行動的原因，事前也不擬定交易計畫，因而消除了自身和交易結果之間的關係。交易者大多是以自發、衝動的方式行動，事後再為自己的行為尋找原因，大部分原因是後見之明，只是為了證明交易者的行為，或是為交易者的不作為找藉口。

基本上，交易的目的是——要賺錢。若要達到這個目的，交易者必須建立部位、持有一段時間，然後出脫部位。交易者建倉和平倉時，是影響價格的力量，會促使價格波動。交易者觀察市場、等待進場或持有部位時，就變成隨時可能影響價格的力量。如果交易者事前訂定交易計畫，那麼他們所陳述的行動原因，的確有助於別人預測價格所受到的影響。我這樣說，當然是假設交易者會透露自己的計畫，且願意說實話。持續賺錢的交易者很少，除非透露的原因對他們有利，願意透露自己賺錢原因的交易者也非常少。

事實上，如果交易者對自己的能力有信心，又知道自己對價格波動可能有重大影響，他們通常會花極多精神，保持交易計畫的祕密性，以免被其他交易者知道而降低計畫的可行性。但這不表示他們建立部位後，不會刻意透露自己的行動，吸引其他交易者建立相同的部位，迫使他們彼此競爭，創造有利的價格波動。另一方面，如果交易者對自己的行動沒有信心，通常會樂於和別人分享自己的交易構想，希望從中獲得某種證實，證明他們打算要做的事情行得通。因此他們提供的後見之明原因，通常只能舒緩他們犯錯後產生的痛苦，而不是特別有用的資訊。

其中的有用之處，是可以藉此了解交易者很像一群魚或一群牛，經常集體行動。屬於特定團體的個別交易者通常會把相同的市場狀況，當成機會或令人失望的狀況，因此他們會一致行動，擾亂市場平衡，造成價格嚴重偏向一個方向波動。各種團體會建立部位，是因為他們相信自己會賺錢；他們會退場，則因為虧損，或是與風險相比的賺錢機率已經降低。例如，交易所裡的自營交易員最沒有耐心、最衝動、最容易失望，因此價格目標最小、時間架構最短，因此是最活躍的交易者，全都會在相同的時間裡，努力做同樣的事情。

商業用戶和場外交易者是另兩種團體，彼此的價格目標和時間架構不同。這兩種團體中的個人通常也行動一致，隨時以參與或不參與的程度，擾亂市場的平衡。你可以判斷他們最可能參與的是什麼市場狀況，什麼狀況符合他們對未來的信念，什麼事情會讓他們失望。了解他們獨一無二的特性後，你可以預期他們的可能行動方向，判定他們的活動對市場平衡和價格波動可能有什麼影響。

我們為什麼要交易？

我們存在的每一刻都會和環境互動，都會以獨一無二的方式表達自己，從而用我們自己的方式創造生活。我們每一刻做的每一件事情，都是自我表達的一種方式，我們超越自己是為了滿足需要、願望、意願和目標。今天大部分人可以把精力，發揮在滿足生存目標以外的需要上，但是這樣做需要錢。

我們藉著金錢維持交易制度——交易產品與服務。產品與服務是個人用高度專業化方式，表達自我所創造的事物。金錢是個人自我表達的工具，因此已經演變成為我們需要的東西。所有行為都是自我表達方式中的一種，在我們的社會中，幾乎所有自我表達方式都需要錢，因此以文化最基本層次來說，金錢代表了自由，也就是自由的表達自己。

個人用專業方式自我表達時，創造了高度複雜的互相依賴系統，個人彼此之間對產品與服務的價值必須有一致看法，才能交換產品與服務。我把「價值」定義為東西的相對重要性，或滿足某種需要的潛力，產品與服務的實際交換價格由經濟供需法則決定。從心理觀點來說，供需法則的基礎是「恐懼」與「貪婪」，恐懼與貪婪都會迫使大家依據需要和所認知的外在狀況，採取行動或不行動。價格由個人需要和自己滿足需要的能力信念比較後決定。這種信念隱含他們需要的產品與服務有多少供應量。

貪婪是以稀少與不安全為基礎的信念，稀少與不安全都會產生恐懼。我把「貪婪」定義為永不滿足的信念，總是覺得需要更多才能感到安全和滿足。個人認定內心或外部存在這種狀況時，心中會產生恐懼，迫使個人決定行動或不行動，是否行動要視供應由誰控制而定。個人行為會符合他們自認必須滿足缺憾的想法，如果兩個以上的人擁有相同的恐懼，他們通常會互相競爭現有的供應。

和需要相比，如果供應有限，需要的人會爭奪既有的供應，競爭時會願意交付更多資源（付比較多錢）。然而，如果供應很多，大家就不擔心供應稀少，因此會保留資源（金錢），用在其他需要上，或乾脆等待價格下跌。

在任何時刻，只要人們感到不安全，或感到物資缺乏，商品與服務的價格就會波動。波動程度和大眾任何時候感受的安全或不安全程度相當，波動會為自己不能滿足需要、必須依賴別人滿足需要的所有人創造經濟風險。風險是什麼？風險是用個人資源（精力、金錢等等）交換或追求需要的滿足時，淨損失的可能性。價格波動也為願意承受風險的人創造機會，只要個人對產品與服務的價值看法不同，價格就會波動，為願意承擔風險的交易者創造賺錢機會。

交易的定義

我把交易定義為兩造為了滿足某些需求或目標，進而交換具有價值的東西。在股票或期貨市場中，參與者的唯一目的是累積財富或保護實體資產價值免於惡化。基本上，不論是投機客還是避險者，所有交易者交易的目的都是為了累積財富，實際情形只是看法上的差別而已。對避險者來說，保護資產價值、避免經濟風險的動機仍然是累積財富的一種方式。

避險者進行交易，是為了比較高的經濟確定性，因而把價格波動造成的風險，轉移給另一位願意承擔風險的交易者。一般說來，願意承擔價格波動風險，換取其中所隱含財富機會的人，通常是交易另一方的投機者。例如，股東願意出售股票，是因為他們認為：和續抱股票的風險相比，股票未來沒有增值的可能，或是可能性很低。如果他們需要賣出股票，滿足其他需要時，他們甚至可能在預期未來股價還會上漲的情況下，出售股票。買方（交易的另一方）認為股票的價值會增加，我們可以假設買方相信這一點，是因為大家交易的目的都是為了累積財富。

因為交易者的目標是滿足累積財富的需要，我們可以相信大家認為自己會虧損或無法滿足需要時，不會刻意從事交易。因為基本上，所有交易者的目標都相同，都是為了獲利，因此我們可以說：除非兩位交易者對交易標的的未來價值看法相反，否則兩人不會進行交易。請記住：任何東西目前的價格總是反映某一個人當時願意支付的價格、也反映某一個人願意賣出的價格。因此雖然交易雙方在價格上一致的看法，對交易標的的未來價值的看法卻是完全不同，這兩點都是交易的本質。例如，我說股東如果認為股價未來可能增值，應該不會賣掉股票，這種說法應該沒有說錯，他賣出時，基本上是放棄了未來增值的可能性。買方為什麼要買進？想虧錢嗎？想犯錯嗎？當然不是。買方對股票未來價值的看法和賣方正好相反，這種差異在期貨交易中更明顯。

真正有意思的是，學術界認為市場是效率市場，假設交易者的行為都是理性的，知道自己在做什麼，而且自己這樣做原因很充分。學術界也認為，市場基本上是隨機市場，這點似乎和效率市場的假設完全牴觸。然而，如果你把理性定義為按照事前制定的特定方法或計畫行事的結果，絕對不是隨機的結果，因為不理性的行為很容易預測，那麼市場行為實際上大致都不理性。

如果你希望學會預測價格波動，你不需要注意原因，只要判定大多數交易者擔心供應稀少或擔心錯過機會時，對外在狀況的認知是什麼。

第八章

蛻變成功交易者的三個階段

「相信自己在任何市場狀況下，都能採取適當行動，市場對你不可能造成任何傷害」，學習這一點是交易者培養信心水準、追求獲利的關鍵。

在我們討論成為成功交易者的三個階段前，你最好先複習本書先前已經討論過的內容。在市場環境中你必須制定遊戲規則，必須具有遵循規則的紀律，縱使市場波動的方式不斷引誘你，要你相信這次不需要遵照自己的規則。這種波動讓你沈迷在當時適合你的幻想或扭曲中，如果有任何合理資訊支持你達成願望的可能性，你當然不會選擇面對痛苦的感覺（面對自己對市場的幻覺）。

在沒有限制的環境中，如果你不能面對虧損的現實，那麼每一筆交易你都可能虧光一切。如果你認為交易像賭博，事實卻不是這樣的。你必須主動參與賭博才會輸錢，你不作為就不會再輸錢。在市場環境中，你必須積極參與，才能進行交易；必須積極參與，才能結束虧損。如果你不作為，你可能虧光一切。

在參與賭博時，你很清楚了解自己有多少風險，而且賭局總是會結束；在參與市場時，即使你紀律嚴明，設定停損，但是因為市場可能一開盤就跳過你的停損點，所以你很難知道自己具體的風險有多高。而且由於市場永遠不會結束又不斷在波動，你總是可能賺回交易中虧掉的損失。你不需要積極參與才能賺回虧損，你只要留著合約讓市場把虧損還給你，因此你經常會面對不停損的誘惑，這種誘惑很難抗拒，在你只需要忽視風險的情況下，你為什麼要選擇痛苦、不選擇回本的可能呢？

自己創造市場經驗

每一個均衡（目前價格）代表每一位交易者都有機會，在下一次變動中買低或賣高。除了執行交易所需要的時間外，對所有的人來說，市場大致都相同，你或許能夠看出任何均衡都是進行交易的機會，或是懊惱錯過上次價格變動帶來的機會，或是因為害怕市場可能害你犯錯，即使你認為眼前是好機會仍然迴避不根據目前的價格進行交易。

你看待市場的方式不是由市場創造，市場只會反映你內心任何時候的想法。不論你認為目前的市況是機會，卻沒有根據這種想法採取行動，還是等到波動直接反映你獨一無二的心理結構時，你才知道當前的市況是機會，任何波動的意義都是你賦予的。

客觀的說，上漲一個基點可以說只是比之前的價格上漲一個基點而已，即便這是我們大家都知道的事實，但是對某一位交易者來說，上漲一個基點可能代表是他所持有的空頭部位最後的挫敗；對另一位交易者而言，這也可能代表完美的賣出機會，因為市場根本不會再繼續上漲；對第三位交易者而言，則可能代表買進機會，因為根據他自己的反壓定義來說，市場突破了壓力區。

你賦予價格波動或市況什麼意義，不是市場所能選擇，市場也不會做出這樣的選擇。例如，你可以看出高價賣出的機會，而且據以行動建立空頭部位。假設從你進場時開始，市場走勢對你有利，然後劇烈反轉，迅速突破你放空的價位，不斷上漲，中間只休息幾次，價格只稍微回檔。

每次休息或回檔可能是出脫空頭部位、翻空為多的機會，有什麼事情會阻止你這樣做？答案要在你內心尋找。如果市場每次略微休息或回檔，你都鬆了一口氣，認定漲勢終於結束了。那麼我要問你：「什麼結束了？」實際情形會不會是你不必面對自己、承認錯誤呢？這個問題的答案還是要在你內心尋找。你（根據自己的心智結構）決定認定

「休息」是終點、是你避免面對現實狀況的時候，而不是用來消除風險、翻空為多、賺取獲利的大好機會。

你認定的市場走勢其實是你在心裡創造出來的。你在考慮各種可能性時，獨鍾一種方法，你的心智結構（控制你認知資訊的方式）把你鎖死在這種虧損的交易中。你獨有的定義虧損方式（你對虧損的看法）和虧損對你的意義，是你心智結構的一環，你的信念和對環境資訊的認知互動，形成你決定應該注意什麼資訊的方式。雖然資訊來自市場，市場卻和這種過程完全無關。

在交易環境中，你做了什麼決定，結果立刻會顯現，你只能改變自己的內心，不能改變其他的一切。你能否創造更多讓你滿意的交易結果，取決於你的心態多有彈性。你必須學習會隨著市場浮沉，不是配合市場，就是和市場作對。你愈不能接受不同的市場行為，市場似乎愈像「化身博士」（Dr. Jekyll and Mr. Hyde）*一樣對待你，一下子滿足你的所有需要，一下子又像貪婪的怪獸一樣，奪走一切，市場這種「化身博士」的特性，代表你的心靈沒有彈性，不能順應變化，也代表你不知道怎麼盡力爭取最後結果；同理，你虧損時，就是拋棄自己的東西。

你不能改變市場的行為，只能改變自己，以便更清楚、客觀的看出市場的下一步行動。你身為交易者，希望知道接下來會發生什麼事情，但是如果你拒絕打開心眼，以便看出最可能發生的事情，你怎麼能夠預知下一步會發生什麼事情？

這種情形是兩種思維徹底對立：一方面希望知道自己不能控制的事件後續會有什麼變化；一方面又保持僵硬的心智結構，只容許很有限的可能性。這種思維矛盾是不了解信念本質，也不知道信念會限制個人對環境資訊認知的結果。你進行交易時，必須對未來具有若干信念，必須學習不再要求期望照你預期的方式實現。擺脫這種要求後，你會像根本沒有進行交易一樣，把眼光轉到市場中現有的機會上。我們不可能同時了解一切事情，因此必須選擇環境資訊。如果你選擇市場資訊時，目的是要證明自己的信念，那麼你的處境會極為不利，你的認知中，會排除比較能夠顯示市場持續性和可能走向的資訊，你也不能擴大時間架構視野，會極為難以培養認識「大方向」的能力。

因此，即使你不能控制市場波動，卻可以學習如何控制你對市場波動的看法，盡量提高客觀程度，學會客觀的認知後，你讓市場告訴你進出場時機的能力會提高，你可以

＊英國著名小說家史帝文生（Robert Louis Stevenson）的代表作，它是一部描寫人格分裂的科幻小說，「傑柯和海德」（Jekyll and Hyde）一詞更成爲心理學「雙重人格」的代名詞。

學會如何不利用資訊證明自己信念，隨時看出大多數交易機會。培養這種眼光，了解內心環境的運作後（第九章到第十四章會探討這一點），你會學到如何改變自己、客觀了解市場，最後憑藉直覺進行交易。

後文要教你逐步適應，以便在交易環境中更有效運作的方法。基本上，這種過程會讓你認清和操縱你的信念，使你的信念和目標更協調一致。

這種方法有兩個基本主題，第一個主題我們已經略為討論過，就是你根據自己的信念、認知、意願和規則，創造市場經驗；第二個主題是你的交易結果和三大技巧的高低息息相關，這三大技巧涵蓋認知、執行和累積財富。交易結果取決於這三個技巧：認知——涉及看出機會的能力；執行——指的是執行交易的能力；累積財富——在交易中提高帳戶餘額、累積利潤的能力。

看出機會

看出機會的能力和你了解市場行為的程度息息相關，了解市場行為的程度等於你分辨能力的高低。看出機會等於預測市場的下一步行為，想要有效預測市場行為，你必須學習如何客觀辨識大好機會的跡象，也就是我所說的公正評估大好機會。

要培養敏銳的眼光，進而培養比較廣闊的「視野」，你必須學習擴大縱觀市場活動的時間架構。這種過程由多項因素構成，但其中有兩個最重要的因素：一是訂出紀律極為嚴明的交易方法，二是學習擺脫過去交易經驗記憶的負面情緒。

紀律嚴明的方法會協助你培養自我信任，這樣才能在市場環境中有效運作，市場環境和社會不同，對你的行為沒有外在限制或控制。如果你沒有紀律，你會受自己毫無限制的衝動影響，大致上無法控制自己，因此如果你缺乏從自律中培養出來的自我信任，你會害怕自己的行為無法預測。同時，如果你最害怕的是自己的行為，你可能把這種恐懼投射在市場上，交易因此變得離奇古怪，似乎無法預測。

凡是認為對市場行為的了解勝過對本身行為了解的人，都很可笑，要掌握本身行為的本質，你必須徹底了解恐懼對你認知環境資訊時的所有影響——恐懼會限制你對市場資訊的最基本認知，使你看不出清楚顯示對你有利或不利的可能性。

如果你一直擔心市場可能害你，不能專注市場的持續性和結構，你怎麼能夠培養出深入觀察市場行為的眼光？如果你相信自己在任何市場狀況下，都能採取適當行動，市場對你不可能造成任何傷害，學習這一點是交易者培養信心水準、追求交易獲利的關鍵。

從比較廣泛的觀點來看，恐懼會降低辨識市場行為的能力，使你無法培養從「大方向」看事情的「眼光」。在你了解恐懼在交易中是如何運作又能進一步克服它後，就可以看出恐懼在市場中的運作方式，進而預測群眾對某些資訊的反應。

如果你開始交易時，沒有正確的心理觀點、沒有紀律嚴明的方法，那麼你可能受到一些心理傷害。我把心理傷害定義為可能產生恐懼的心理狀況，這種經驗會引發市場環境具有威脅性的信念，也會支持這種信念其中蓄積的負面能量所引發的恐懼，和記憶中蓄積的能量一樣強大。

你學會擺脫痛苦後，恐懼會減少，心胸會自動打開，接受和市場本質有關的新認知。心胸能夠擴大，是因為恐懼不再限制你的注意力，你不會只注意避免痛苦，會變成注意市場告訴你的資訊。

學習擺脫恐懼也會讓你自由自在，想出具有創意的方法，因應你所看出來的市場行為新關係，你對自己能夠正確因應市場狀況的信心會因此提高。

執行交易

執行交易的能力和心中的恐懼程度息息相關。恐懼是你認為環境具有威脅性的結果。市場對你可能有什麼威脅？如果你信心滿滿，徹底相信自己能夠正確因應任何市場狀況，市場不會威脅你。基本上，你不是害怕市場，而是怕自己不能果斷的做你該做的事情。

你必須知道你和市場的關係中有什麼地方讓你害怕，你怕的是讓你覺得痛苦的事情。你會覺得痛苦，是因為你不知道下一步該做什麼，結果產生你不希望、也不滿意的後果。你在市場中可以自由行動或不行動，即使你是出於無知，或出於徹底的無力感，市場對你也無可奈何。

恐懼對個人行為的影響很明顯，它會對個人造成限制，甚至到達完全動彈不得的地步。即使你看出最完美的機會，你卻不能正確的執行交易，原因是你沒有擺脫記憶中的痛苦交易經驗，或是你還不相信自己能夠隨意正確行動，否則你應該不會害怕或為此動彈不得。

累積利潤

你在一筆或多筆交易中累積利潤的能力，和你「自我評價」的程度息息相關。事實上，自我評價是成功最重要的心理因素，是決定你成果好壞最重要的力量。

不論是什麼時候，自我評價程度的高低都會左右你看出潛在機會、替自己賺錢的能力（市場不會把錢送給你，而是你根據自己看出機會、執行交易的能力，替自己賺錢）。不管你多了解市場行為、多想賺錢，你「賺到」的錢，都只和你的自我評價水準相當。

這個觀念可以用簡單的例子說明：如果你根據自己的定義，或根據市場狀況所代表的意義，看出一個機會，卻沒有貫徹執行交易，那麼到底是什麼東西在阻撓你呢？我認為只有兩個可能的原因——你不是因為害怕失敗而動彈不得；就是在和認為「自己沒資格賺這筆錢」的信念（評價）系統對抗，否則的話，你應該會根據你的認知行動。

自我接受

這種信念系統是第二個主題——個人轉型、成長、學習新技巧和自我接受息息相關——的基礎。你願意學習新技巧或自我表達的方式，基本目的是要創造新氣象，創造你投射到未來、希望藉著成長以便實現的目標。

市場隨時會自然地要你面對內心，你內心裡的東西可能是信心、恐懼、對機會或虧損的認知、限制或無法控制的貪婪、客觀或幻想。這些心理狀況並不是市場創造的，市場只是反映你的心理狀況而已。

因此，要成長到能夠用新方式表達自己（達成交易更賺錢的目標），你必須學習如何接受既有的負面心理狀況、接受造成這種狀況的心理因素。培養出接受內心狀況的信念，你會獲得改變這種狀況所需要的依據。

為了說明自我接受的觀念，我要舉一位場內交易員的例子，這位交易員向我求助，因為他希望改變交易風格。他第一次進入交易廳時，迷上搶帽子（Scalp）＊，因為搶

＊交易的投機技巧之一，買進賣出或賣出買進都在當天進行，以求在一日的價格變動中交易獲利。

帽子似乎最容易賺錢。然而，他很快就發現，想在債券交易廳裡搶一、兩檔的帽子太耗神，因為他必須和極多交易者競爭。因此他決定學習進行獲利超過一、兩檔的交易。我們做的第一件事是預先規劃他的交易，我們利用相當簡單的技巧，辨認每天盤中七到十檔範圍內的支撐與壓力點。我們的計畫是讓他站在交易廳，等待價格碰到他的目標（買進支撐或賣出壓力），然後執行交易，等到市場碰到他的交易目標後平倉。如果市場反向突破超過他的進場價位兩、三檔，他應該毫不猶豫的停損。根據我們對支撐與壓力價位可靠性的評估，我們相信他不需要冒超過兩、三檔的風險，就會知道一筆交易會不會賺錢。

第一天他設法照計畫執行，耐心等待市場碰到他的進場價位，這時他卻無法行動，他應該在支撐水準買進，卻沒有這樣做，因為他認為價格會繼續下跌。等到市場沒有繼續下跌，反而反彈到比他原訂進場價位高出兩、三檔後，他才進場買進一口合約。

交易完成後，他應該等待市場測試壓力水準，也就是回升到高於原訂進場價位十檔、高於實際進場價位七檔才平倉。

結果價格還沒有回升到他的目標價位，他就在獲利兩檔時平倉。不久之後，市場漲到壓力區，他像第一筆交易時一樣，沒有進場，因為他認為市場會繼續上漲，但是市場沒有再漲，他就在比原訂進場價格低三檔時放空，然後在獲利一檔後平倉，沒有等到回檔完成時才平倉。

我們後來討論他當天的行動，他對自己極不滿意，他要求自己負責，卻沒有做他該做的事情，沒有在他應當進出的價格進出，因此「丟掉了好幾檔的利潤」。他很有錢，頂多只要冒兩、三檔的風險，就會知道自己的交易對不對，但他就是做不到。同理，他極為渴望獲利，以致於不能等到獲利目標出現，他說他受過太多次傷害，所以不能堅持下去。

顯然他的負面經驗和市場行為沒有關係，和任何策略好不好用也無關，比較重要的是，他不接受自己現有的技巧水準，他十分不滿自己的表現，這清楚顯示他不能接受自己的現狀，也不能接受因此而產生的結果。對他來說，第一天雖然是他長久以來第一次交易獲利，卻不是正面的經驗。未來他的交易出現獲利時，這種不接受自己的心態一定不能幫忙他堅持下去。事實上，他會為自己挖更深的洞，如果他希望達成獲利目標，他最後一定必須從洞中逃出來。

隨著時間過去，他對自己的能力愈來愈有信心，愈來愈常看出機率很高的獲利機會，每筆交易完成後，走勢幾乎立刻變成對他有利，因此，他很少虧損。但每天他反而覺得更生氣，因為他仍然只能持有到獲利一、兩檔就出場，放棄市場回測下一個支撐或壓力時的好幾檔獲利。

讓他更難過的是，他有很多次買在當天最低點、賣在當天最高點，當時他並不知道那是當天最高點或最低點，但事後回顧，他根本不能滿足於在最佳時點進場，卻只賺到一、兩檔獲利而已。

我知道他承受的壓力可能不斷增加，因為他每天都找到更多和市場有關的藉口，說明自己為什麼沒有照他應該做的方式去做，對我所謂的相關說法愈來愈不能容忍。所有藉口都只是顯示，他不能接受現在的他，不能接受自己還沒有變成渴望中新面貌的事實，他顯然沈迷在幻想中。想變成他自認已經變成的樣子，他必須先學會耐心，必須承認自己是什麼樣的人，才能專心注意他需要學習的東西，原諒自己過去認定的錯誤和無能。

然而，他很難做到這一點，因為過去他對別人不耐煩時，總是讓他從比較弱勢的人身上得到他想要的東西，既然如此，為什麼現在他必須學習耐心呢？此外，如果他對自己有耐心，那就無法解釋他對「學」得太慢或「犯錯」的人不耐煩、不容忍的做法有理。

我有好一陣子沒有他的消息，因此我假設他的做法沒有什麼變化。接著有一天，他在收盤後打電話給我，說他要開始交易一筆二十口合約的部位，除此之外，他的做法都沒有改變，不過他已經連續好多天每天獲利一、兩個基點。

我知道他害自己陷入大虧的險境，不過我在談話中並沒有告訴他這一點。他心中推斷：他可以藉著交易比較大的合約，賺到夠多的錢，對自己和別人證明他終於出頭了，以此證明他是成功的交易者，不再受根深蒂固的恐懼影響，沒有什麼東西能夠阻止他「進步」。我沒有多說，只告訴他，我認為對他而言，交易一筆二十口合約的龐大部位並不明智，因為他還沒有發展出處理這麼大筆合約的心理或機械技巧。他發了幾句牢騷，然後掛斷電話。

隔天他交易一筆二十口合約的部位，虧了將近三千美元，不止把兩週半所有交易獲利全部還給市場，甚至還倒賠。於是，到了這個地步他才準備好，要學習如何加強接受自己、如何堅持交易獲利的計畫了。

下面是另一個交易者學會自我接受的例子，這位交易員在本地經紀商服務，替金融機構管理避險部位，也進行自營交易。我和他大約從三年前就經常合作，我要說的事發生在我們合作之前。

有一天，他打電話給我，告訴我他深感自傲，因為他在當天的最後一筆交易中，反轉部位，他說他果斷地減少虧損，翻空為多，他很高興他沒有衝突、抗拒或苦惱的感覺，他看出該做的事就去做。然而，他翻空為多後不久，公司一位承接顧客委託的場內交易員從交易廳打電話給他，提出友善的建議，說他應該出脫多頭部位。

我這位客戶從好久以前就下定決心，不重視其他營業員對市場的看法，因為他十分了解市場，相信自己可以徹底信任自己的能力，可以看出機會，評估市場波動的可能性。至少他認為他可以信任自己。但是，他接到電話後，刻意讓自己受這位場內交易員的建議影響，出脫多頭部位，接著在十分鐘內，債券市場就像他建立多頭部位時的預期一樣，大漲十五個基點。

換言之，他讓另一位交易者影響自己對市場的看法而少賺了十五個基點。然而，他並沒有把這次經驗看成是錯過機會，而是看成他還不能完全擺脫別人對市場的意見。從他的工作環境來說，他沒有錯過機會（別人打電話來，是他無法控制的狀況，和他不看重這種資訊沒有兩樣），他只是心理上還沒有準備好利用這種機會。如果他在心理上已經準備好，他應該會堅持原訂計畫，知道別人的看法不會比他客觀。此外，如果考慮到他已經學到的技巧，別人的客觀程度應該會大為降低才對。

你建立更有力的自我接受信念後，會了解市場反映你的技巧水準，也顯示如果你希望交易獲利，還有什麼地方需要努力改進。然後，每一刻都會變成完美的指標，顯示你的技巧和自我評價水準，作為你改進和學習的堅固基礎。

你最後會了解，自己總是努力之至，因為你能夠多深入看清市場環境本質、據以採取行動，會決定你可以創造多少成果。

你對自己應該如何適應任何環境狀況的了解增加，也知道這種狀況背後潛藏的力量後，就沒有理由不接受這種結果。如果你否認這種時刻的完美性質（缺乏自我接受），實際上就是否認你需要學習這些技巧的資訊。如果你否認顯示自己發展水準的環境資訊，你會無法成長或擴充，你想根據環境和本身的幻想努力學習時，也學不到有效的技巧，如果你否認自己真實的出發點，你不可能採取最適當的下一步，學習你打算學習的技巧。

轉型過程最基本的因素是學習——學習看出哪些信念會堅持現狀？哪些信念會抵禦環境資訊？然後消除這些信念；學習解讀環境，讓環境告訴你什麼方法最能協助你達成心願。

第三部分

建立「了解自己」的架構

如果你希望了解市場行為，以便預測市場的下一步行動，那麼你首先必須學習及了解自己行為背後的力量，同時也要掌握自己處理和管理資訊的方式。

本書一開始我就說過，我要一步、一步的指導你，學習適應交易環境的過程。這種過程的第一步是承認你需要適應，如果你不能操控或強迫市場，配合你的需要而改變，你就必須學習改變自己去配合市場。市場和文化環境不同，對你選擇表達自己的方式，沒有設定限制或約束，就這點而言，你擁有全部的力量。本書的第二部分則指出，交易環境和社會環境之間有一些重大差異，也指出我們需要學習新觀點。

這種過程的隨後兩步是學習：一、你到底需要做哪些改變，才能在交易環境中運作成功；二、如何實現必要的心理變化。

操控物理環境像把椅子從一個地方搬到另一個地方一樣容易，因爲另一個地方正是你想坐的地方。然而，要刻意改變自己，以便在無視你操控企圖的市場環境中更有效的運作，必須深切了解你心智環境的性質與功能。

你要改變的事情分爲兩大類：第一，你必須學習一些複雜的心智技巧，抵銷一些和成功有關的常見文化信念（這些信念可能扭曲市場資訊）以便更適應市場的不斷變化；第二，你可能需要消除過去交易活動留下來的心理傷害，以免心理傷害降低你正確執行交易的能力。

要看出你有什麼地方需要學習和改變，顯然要分成很多較小的步驟。接下來第三部分的六個章節經過編排，希望能夠引導你完成這個適應的過程，你可以看出你需要做哪些事，也可以看出之所以要這樣做的原因。

你需要的第一樣東西是具有結構性的架構，以便讓心智環境中發生的事情變得更明確、更實在。要幫助你建立這種架構，我會描述、界定和組織心智環境，以便把心智環境的基本因素區分爲便於管理的層面，讓你可以做到：一、了解你的信念；二、學習不同的技巧，以便操控你的心智環境，讓心智環境和外部環境及你的目標協調一致；三、學習如何監督你和外在環境之間的關係。

學習監督你和內外在環境關係的方法很重要，因爲我們的目標、意願、期望、需要和希望，全都是心智環境的要素投射到物理環境中，以便未來達成目標的關鍵。換句話說，這些都是心智環境中的要素，可能表現在外在物理環境中，也可能不表現出來。

當你爲了滿足內在因素而扭曲外在資訊時，你必須要能夠立刻識別出來這一傾向，交易者更是應該要如此。這種扭曲一定會造成痛苦和心理傷害。

我打算在後面幾章裡說明：即便你不能用肉眼看到心理環境的構成因素，但是這些因素是眞實的。因爲我們藉著觀察和體驗外在物理環境，可以同樣輕易地學會爲心智環境裡的東西界定出意義，因此我們沒有必要一定要用肉眼去看自己的心裡環境。我們藉著結合信念和經驗，學習操控信念的方法，以便改變我們的經驗會容易得多。

我們會檢查信念的本質，也會評估信念要如何負起管理環境資訊的功能。我會說明我們怎麼利用個人對市場本質的信念、對市場下一步行動的期望，管理和控制我們所認知的市場資訊類型和素質。藉著分解認知的動能，你可以看出我們全都利用各種方法，把心理限制強加在市場行爲上；你也會看出，這些限制如何害我們扭曲市場資訊。

我們會徹底探討恐懼的本質，也會徹底探討恐懼如何強迫所有的人，在不能看出選擇的情況下採取行動。恐懼是大部分交易者採取行動、造成價格波動的最根本原因，恐懼包括擔心錯過機會、必須競爭有限的供應和擔心虧損。如果你希望了解市場行爲，以便預測市場的下一步行動，那麼你首先必須學習及了解自己行爲背後的力量，同時也要掌握自己處理和管理資訊的方式。

在你了解和市場有關的典型恐懼是如何影響你的生活，並學會擺脫這種恐懼之後，你和「群眾」就會區隔開來。當你和「群眾」區隔、擴大了解影響群眾行爲的各種力量後，預測群眾的行動也會變得輕鬆多了，因爲群眾只是代表你的過去、規模比較大的集體版本而已。換句話說，你會在其他交易者採取行動前，就知道他們會有什麼行動，因爲你能夠公正的觀察他們，因爲你已經超脫完全沒有選擇，只根據恐懼運作的狀態。

當你明白自己的信念是如何和環境資訊互動、控制你的認知、形成你的經驗，並且學會區分「一廂情願的想法」及「市場所提供的眞實資訊」之後，就能善加利用最大的心智彈性，控制你對市場活動的認知，進而能夠把目光聚焦在市場走勢的變動，毫不猶豫地去執行交易。換句話說，如果你不能改變或控制市場行爲，那麼你能做的，就是「控制自己」——更清晰、更客觀的看出市場下一步會往哪裡走。想要做到這一點，你就必須徹底了解內心環境和外在物理環境之間，兩者關係的本質。

第九章

了解心智環境的本質

心智能量以信念、情緒等無形的方式存在，但是它卻具有影響我們行為的力量，因此也等於具有「左右外在物理環境」的力量。

要了解自己「心智環境」的本質看似很困難，問題在於，從來沒有人教過我們應該要怎麼做。事實上，我們從小所受的教育正好相反。傳統教育總是教導我們：心智環境是神祕且無法解釋的。這就導致我們最終用模糊且隨興的方式去定義心智因素——我們從未真正運用自己的生活體驗，去了解這些心智因素之間的關係，以及這些心智因素和外在物理環境之間的關係。因此，如果你要刻意改變或適應它，讓自己變成更有效的交易者，那麼你對這些心理因素的本質和其運作方式，就必須有更基本、更實際的了解。就像我接下來要說的——心智環境（內在）和物理環境（外在）的本質差異極大，而了解這些差異就是「改變自我」過程中重要的關鍵。

舉一個簡單的例子：你手上的這本書存在於外部環境，但你對這本書的書名（你心中對本書的認知）或你根據書名體驗到的其他思維或感覺，以及你對本書賦予的意義，卻全都在你心裡發生，凡是在你心裡進行或發生的事情，都構成你的心智環境。你所有的經驗、記憶、信念、你賦予這些信念的所有情緒力量、你所有的感覺、需要、希望、期望、目標和思維，都構成你的心智版圖，不論你是否把這些東西表達出來，呈現在那個環境中，情形都一樣。

在我們探討內外在環境的差異之前，我希望指出兩者具有一項共同特性，就是兩者都由很多獨立運作的部分構成（用「區域」描述內在環境比較妥當），它們彼此合作，構成整體。大部分的人都非常熟悉自己身體的各個部分，甚至非常熟悉體腔裡的部分，這些部分由具有不同功能的細胞構成，它們獨立運作，同時也和身體其他部分合作。這些部分的總和就是我們的身體。簡單的說，眼睛和耳朵或肺部不同，是屬於整體的不同部分，具有與眾不同的功能。

同理，心智環境也由很多區域構成，這些區域互相合作，卻獨立運作，形成我們的整體。例如，信念不是夢想、思維不是情緒，信念、夢想、思維和情緒全都是心智環境不同的部分，卻以相同的方式互動（至少在觀念上如此），好比你的手會和眼睛互動，手指會和鼻子互動，肺部會和心臟互動。我指出這一點，是因為大部分人都不是以這種特別的方式去思考自己的心智環境，他們沒有想到各個區域具有十分明顯的差異，也沒有想到不同部分在這些區域裡的構成方式。

我把心智環境劃分為不同的類別，也列出和每個類別相關的構成因素，接下來的五個章節會進一步解釋其中的差異。

- ❖正能量情緒：包括愛、幸福、歡樂、信心、平靜與接受。
- ❖負能量情緒：包括恐懼、憤怒、仇恨、嫉妒、失望、困惑、沒有耐心、壓力、焦慮和背叛。
- ❖幻想：包括否認、合理化、強辯、理智化和扭曲。
- ❖信念
- ❖意願：包括目標與渴望。
- ❖期望：包括希望、願望與需求。
- ❖需要
- ❖夢想：包括睡夢和白日夢。

❖ 思維
❖ 吸引力
❖ 記憶
❖ 創意
❖ 直覺

這裡我無意列出心智環境的全部構成因素和類別，但是上述的分類相當完整，足以達成本書的目標，讓你知道夠多且夠用的知識，只要你了解這些因素如何運作與互動，它們就會幫助你做出改變，並讓你成為成功的交易者。

心智（內在）環境到底是什麼？

我把心智環境定義為所有出自物理環境的感覺資訊（感覺資訊是物理環境作用在我們眼睛、鼻子、味覺與觸覺上的方式），進行整理、分類、標示、組織、結合與儲存的地方。信念在這裡形成、得到意義。我們的外在世界經驗在心智環境裡，針對物理環境本質和我們跟物理環境的關係，形成複雜的信念結構。

我希望你注意這個定義中的兩件事：第一，這個定義有局限性，因為其中沒有考慮從內部產生的心智活動，只考慮外在的感覺資訊，這一點我稍後會說明；第二，雖然心智活動在腦部發生，我卻沒有把腦部列為心智環境的一部分（我不納入腦部的原因片刻後就會分曉）。

首先你可能會注意到，上列心智因素都具有無形的特性，你不能看到、聽到、摸到、嘗到或聞到這些因素，至少這些因素存在心智環境中時，你不能感覺到。例如，針對活人腦部開刀的醫生中，還沒有人碰到病人的信念、思維、夢想或記憶，但是他們知道這些東西存在腦中的某些地方。生化學家研究構成組織的分子，發現了去氧核糖核酸，卻一直沒有發現前面所列的心理因素。但是，我們知道這些東西存在，因為我們可以體驗到別人透過行為，把信念或思維表現在外在物理環境中的結果。

有人會問，如果心智因素無形、無質，又從來沒有人直接體驗過，那麼心智因素怎麼可能存在？答案是：這些因素以能量的方式存在（能量沒有質量）。例如，光會穿過實際物體或反射回來，但是光不會取代物體，電也一樣。由原子和分子組成的實體通過另一個實體所在的空間時，會互相取代。

長久以來，科學界都認為，原子是物質最小、最基本的要素，後來卻發現，還有能量存在原子的內部。科學家到現在還想不通，以沒有質量方式存在的東西（原子中的能），怎麼會變成具有質量的東西——也就是變成原子。換句話說，能量怎麼從沒有實體變成有實體？曾經有人請愛因斯坦說明他對物質的定義，他說：「物質只是以我們感官能夠感覺到的方式存在的能量。」即使你現在正在閱讀的這本書，或你現在所坐的椅子是以「原子」的形式存在，但你依然可以感受到書和椅子是很實在的物體。然而，情形根本不是如此——我們並無法感受到以原子形式所存在的物體，因為在原子狀態之下，每顆原子都在不斷旋轉，且原子與原子之間是有空間的。我要表達的是：所有物質的最深處，都是以能量的形式存在的（原子內部），但並非所有的能量皆是以物質的形式存在，例如光線和電流就不是。

一般說來，心智能量會以信念、感受、情緒等看不見的形式存在，它們具有影響我們行為的力量，因此也具有能進一步左右外在物理環境的力量。例如，以信念或經驗記憶形式表現的心理能量，可以促使一個人起身切換電視機上的頻道，因為他認為另一個頻道的節目比較值得看，或比較有意思；這種心智能量也會促使某人用更高的價格買進一檔股票，因為他認為該股有潛力且符合他的最大利益；心智能量也會激勵群眾走上戰場，防衛或提倡某種需要的事物。心智能量向外部環境展現時就導致了這些種種行為，並對環境產生了影響。

經驗是什麼？

大家都知道，我們是用我們的五官去體驗這個世界，但是當你想更深入探索最基本的層次，也就是當我們對環境的體驗，從外在（實體）進入道內在（心智）的時候，過程中究竟會發生什麼變化呢？答案是，我們在物理世界中看到、聽到、摸到、嘗到和聞到的東西，會轉變成電子脈衝的能量，透過我們的神經系統傳送到腦部。換句話說，在那個最基本的層次，外部世界的有形體驗會轉變成無形的電子能量，而這也意味著我們在生活中（物理環境）所體驗到的有形物質，和儲存在我們內心（心智環境）中的物質，兩者的性質和特點大不相同。稍後我們會從實際運用的角度來檢視兩者的相異之處。

如果你認為，我們的體驗（環境資訊）會轉變成「電子能量」的說法很荒謬，那麼請想想我們多年來一直在運用的電話和電腦——電腦可以透過各種能量媒介儲存資訊、聲音和影像；電話線路則運用電力、光線或微波的形式，傳送聲音和影像。這一切都很常見，但感覺資訊（有形經驗）轉變成電流儲存的鮮活過程，仍然令人迷惑。可以說，我們以個人身分學到的一切和存在本質有關的東西，都以無形、無實體的方式，儲存在我們的心智環境中（那些能量很真實，卻沒有實體，因為能量不是由原子和分子組成，因此我們可以說能量以無實體的方式存在）。

我在前文中，並沒有把腦部納入心智環境的一部分，原因是腦部是以有形的原子和分子（實質）形式存在，而心智環境（信念、記憶、情緒等和經驗中產生的物理環境本質有關的能量）卻不是以有形的形式存在。為了幫助你了解腦部和心智環境之間的差別，請你想一想：不含心智環境的腦部和沒有插電的電腦有什麼不同？在這個比喻裡，心智環境應該等於推動電腦運作、儲存和承載各種形式資訊的電能，電腦硬體（實際、機械式、由原子和分子構成）應該等同於腦部。

這就是本章一開始，我說心智和物理環境之間大不相同的原因。我列出的所有心智因素，都是以無形能量的方式存在，更重要的是，心智因素運作時，都和能量一樣，具有相同的性質和特質。要了解心智環境的本質，你必須了解能量的性質，因此，接下來我打算帶你檢視光線和電流等一般能量形式的性質，再將它們拿來和心智環境的性質做比較，以便確立兩者之間的相關性。

在接下來的五個章節，我會把上述所有內容結合起來，教你一些非常實際的技巧，以便提高你有效交易的能力。

心智環境和能量的性質有什麼共同特性？

能量沒有次元

我們已經知道，能量在物理環境中不占空間，因為能量並不會取代任何占有空間的東西。這種「沒有空間」的性質使能量具備「沒有次元」（nondimensional）的特質。換句話說，凡是不占空間的東西，也不會具有長寬高或圓周之類的有形次元，至少在我們正常思考這些性質時，不具備有形的次元。

這種沒有次元的特性大概是和能量性質有關的觀念中，最難了解的地方，因為能量雖然沒有次元，卻可以用若干形式表現出來，讓我們的眼睛看到，凡是能夠看到的東西，應該都有我們能夠丈量的次元。說能量能夠以可見的形式表現出來，卻仍然沒有次元，似乎是明顯的矛盾，實際上卻不矛盾。

要說明這一點，最好的例子是全像照片或全像攝影。如果你利用全像程序，就可以產生三度空間的立體影像，投射到空間裡讓「人眼」看到，而且這種影像看來似乎具有長寬高和圓周。你甚至可以丈量這種影像的長度或寬度，但你的手卻可以穿過這種影像，因為影像中其實沒有任何東西，至少沒有物理學所說的東西。光影沒有實質，因此從物理學的角度來看，應該也沒有次元（和有形物體相比，能量沒有次元）。

記憶或心智影像（想像、白日夢或睡夢之類我們透過心眼可以看到的東西）的運作方式，可能非常像全像照片或雷射光，是沒有實體物質的光影，空間、距離或次元的對比不是考慮因素。我們頭顱裡的空間相當小，比起從心理觀點來看的頭腦容量更是如此，但我們可以創造各種大小或比例的影像，不受物理環境大小的限制，因為這些影像是以能量的方式存在，沒有實質，因此以沒有次元的狀態存在，不占空間。

我們可以用簡單的心理練習，輕鬆的說明這種觀念。請閉上眼睛，想像你上次度假去的地方，你住在哪裡？還順便去了哪些地方？在你想像你去的地方時，有沒有站起身來，從你現在的實際位置離開呢？你有沒有想像自己從椅子上站起來，做完旅行所需要的所有準備呢？你有沒有像實際旅行一樣，坐進車子裡，用心智開過每一公里呢？應該沒有。不管你在物理環境中需要經過多少空間或距離，你上次度假的影像極可能只是跳進意識裡，就像你立刻走到這些地方一樣。你現在的位置和記憶中的度假地點之間——「沒有空間」存在。

我們所做的「夢」，其本質也說明這種「沒有次元」的特性。首先，夢境的大小沒有我們所知道的限制，不同的夢彼此也可能大不相同、千奇百怪，物理環境的一切遠比我們的腦腔大多了。此外，我們在夢中可以立刻改換地點，不必實際移動。例如，你可能夢到自己在地下室裡，片刻之後你就到了客廳，不必實際從地下室裡爬樓梯走上來，不必穿過其他房間走到客廳。

速度

心智環境和能量共有的第二個特質是速度。能量移動的速度快得不可思議，例如，光每秒走過十八萬六千英里，快到足以在一秒內環繞地球大約八次。對我們的實際感覺來說，這樣實在太快了，就像瞬間即至一樣。我的意思是光移動得太快了，以致我們的感官不能偵測到光的運動。我們顯然可以看到光，卻看不出光從光源運動到遙遠地點之間的移動。例如，你在黑暗的房間裡開燈時，房間是否從光源移動到牆壁時依序亮了起來？不是這樣，我們的眼睛看到的是房間的每一個地方都在瞬息之間，似乎同時立刻充滿亮光，我們的肉眼無法識別出光線的傳播，因此，光看起來完全沒有移動。

光這種瞬息即至的性質很像心智環境，前面說過，夢通常可以在瞬息之間移動，你做夢時，前一刻你可能在一棟房子裡，下一刻你可能就到了世界的另一端，兩個夢境地點之間其實沒有任何旅行時間。不論是什麼情形，心理機制造成了這種變化，創造出同時發生的移轉，實際的速度很可能像光充滿黑暗房間的速度一樣。

然而，另有一個心智特性（實際上比較像是一種現象），最能說明心智環境的運作速度，體驗過這種特性的人不很多，卻有很多人在完全獨立、毫無關係的事例中報導，證實這種特性的正確性。我說的是人從出生到現在的經歷以連續心理影像的方式，在個人意識中閃過的現象。這種事情通常只會在生命遭到極度威脅、個人片刻之內就會死亡的情況中發生，在這種個人瀕臨死亡的少見時刻裡，重新經歷一生看見、聽見、嘗過、聞過、感覺過的事情和情緒。

我閱讀和聽到別人敘述的這種經驗時，都會深感困惑，不了解一個人花了幾十年經歷的一生，怎麼可能在片刻之內展現在意識中。但是經過長久思考後，我想到儲存經驗的能量移動速度快得不可思議，會使我們的一生變得相當短，因此不管我們花多久時間經歷一生，我們的所有經驗都可能在片刻之內呈現出來。

如果你像我一樣想像，這一切可能變得比較容易了解。經驗很像你遙望的星星一樣，儲存在光之河裡，兩者關係密切。科學家告訴我們：除了太陽外，最靠近地球的星星距離我們極為遙遠，即便是以每秒十八萬六千公里的光速行進，這些星星發出的光也要花個幾百年才會抵達地球。星星和地球的距離極為遙遠，因此產生了長度達到無數億光公里的穩定光束，因此我們看太陽以外的星星時，看到的其實是離開遠處星星已經幾百年、甚至幾千年的光。如果我們能夠沿著這道光束，回到光的源頭，我們愈接近這顆星星，看到的應該是從這顆星星愈接近現在的過去時間發出的光（從這顆星星的角度來說，則是愈接近現在的未來）一直到我們抵達這顆星星的現在為止。從這顆星星過去、未來和現在（視個人的角度而定）發出的光，應該同時存在這道光束中。

想像我們經歷的影像、聲音、味道、氣味、感覺和情緒以記憶之河的形式，儲存在能量中，再想像我們可以像在光束中旅行一樣，在記憶之河中旅行，我們利用意識，漫遊在遙遠的過去和最近的過去到現在之間，或把這些記憶投射到未來，如果儲存經歷的能量能夠以接近光速的速度移動，就可以得到絕佳的解釋，說明整個人生怎麼可能在片刻之內，展現在意識中。為了進一步說明這一點，請想像你所有的經驗像光束一樣伸長，使你可以沿著光束，用光速旅行，以這種速度來說，即使你只旅行幾秒鐘，也可以經歷極多的資訊。例如，如果我們刻意認定：長一萬英里的心智能量可以保存一年的經驗，那麼，如果你以光速來體驗那些經歷，一秒內可以經歷將近十九年的記憶。

承認這種現象，有助於我們了解心智環境本質中最難了解的觀念——據我們所知，心智環境存在時間之外。也就是說，我們的身體感受對於環境的認知受限於時間與三度空間，我們必須以直線順序的方式，一一體驗每一個時刻。如果時間過去，就永遠過去了，我們不能回到過去，體驗存在物理環境中的過去。我們也不能前進到未來，過去已經不存在，未來還不存在，似乎只有我們在生活中體驗到、沒有止盡的「現在時刻」系列存在。然而，內在構成因素的心智能量像我們實際體驗到的一樣，在正常的時空觀念外運作。心智環境裡沒有空間界限或時間限制，我們可以隨意向任何方向思考，向過去、現在和未來思考。而且在理論上，資訊的儲存量也沒有限制或界限。

簡單的說，時間和我們跨越距離或三度空間移動的認知息息相關。換句話說，要認知時間，你需要兩個關鍵要素：就是具有範圍（量綱）和移動的空間。這兩種特性顯然都存在物理環境中，具有長度、高度、寬度或厚度與圓周之類組成三度空間的性質。物理環境也不斷運動，太陽、其他星星、行星和衛星全都在運動。雖然我們不能直接看出來，一切實際物體都在原子和分子的層次上運動，從最小的原子和分子，到最大的恆星與太陽系，包括我們身體裡的原子和分子在內，一切物體都環繞著比較大的物體旋轉。

地球的自轉、公轉成為環境中的力量，使白天變為黑夜、黑夜又變為白天，創造氣候、季節和無盡無止的其他環境循環。所有這些環境變化循環（包括我們身體的成長、年齡、呼吸、消化等循環，都起源於我們細胞中原子與分子的運動）成為我們實際感覺中的力量，促使我們以直線進行的方式，經歷一個又一個不斷循環、不斷變化的環境，讓我們得以認知時間總是向前進。如果我們不能認知三度空間中的運動或某種移動，作為衡量這種運動的參考點，那麼我們就不能看出時間的流逝。例如，如果我們有意識，卻大致陷入不省人事的狀態中，沒有感覺輸入、不能看出任何形式的運動，甚至沒有心跳，我們就不可能辨別幾秒或幾天之間的不同。要測量時間，你必須有起點和終點，兩點間的距離或時間可以測量，但是你需要三度空間才能到達你要去的點。

我們認為在比較像河流的環境中，意識可以不管時間或空間，在過去、現在和未來之間漫遊。此外，從能量的角度來看，存在物理環境中的實際時間系列，對我們記憶中儲存的能量沒有影響，和環境對我們感官的影響相比，時間系列只對心智環境有影響。你可以嘗試用分成一刻、一刻的方式，重建過去二十四小時的記憶，輕易說明這一點，很難，對吧？現在嘗試重建一星期前那天的記憶，我們只記得重要大事件、對感官衝擊最大的經驗，以及跟最多能量有關的事情，因為經驗不是以時間刻度的方式，而是以能量強弱的方式，紀錄在記憶中。因此，記憶和實際的過去時間沒有關係。

請記住：能量不是以原子和分子的形式存在，因此，和我們對時間流逝的認知相比，能量不會像實際物體一樣不斷旋轉，能量可以保持靜止不動，也可以很活躍。例如，某個人或某件事可能讓你想起二十年前發生後就不再想到的經驗，你激起這些記憶的能量時，會重新體驗到當時的景象、聲音、味道、氣味，最重要的是，你會重新體驗到當時的情緒，就像一切都沒有改變一樣。在你心裡，一切都沒有改變，這些能量沈睡了二十年，在我們刻意或無意間想起或反省心裡的東西時，這些能量變又鮮活了起來。

重大的正面經驗（欣喜、快樂、歡樂等等）或負面經驗（痛苦、可怕、憤怒、仇恨等等），很容易回想起來，因為其中包含和事件有關的龐大或強烈能量。這種經驗會任意跳進我們的意識記憶中，但是，若想試著回憶我們一生中每次刷牙、喝水、開冰箱門或穿鞋襪的時刻，就不是這麼容易了。這些事情不容易回憶，原因在於跟這種經驗有關的能量很少。

我們的記憶像能量口袋一樣，我們可能像光之河的例子一樣，根據日期和時間，依序儲存能量。然而，所有平平淡淡的事情似乎都會消失的無影無蹤，或是遭到壓縮，就像從來沒有發生過一樣，即使我們知道這些事情發生過，也是一樣。一個月前的今天，我們一定穿了鞋襪，否則我們很可能會記得自己光腳走路，這種事情的衝擊應該大的足以讓我們記憶深刻。

例如，我們過去曾經閱讀過的文字，如果印象不深刻的話，通常很快就會忘掉，因為那種環境對我們的感官沒有什麼衝擊。和經驗性質比較濃厚的活動相比，書上的文字對視覺的衝擊很小，例如，從能量的角度來看，實際參與生物實驗受到的衝擊，一定遠大於閱讀生物實驗文字。要記住我們看過的東西，所需要的能量必須從專注中產生，因此，我們體驗時間的方式時時刻刻都和我們的感覺（實際或情緒衝擊）有關。例如，如果你經歷恐怖的事情，你經歷的每一秒看來都很像一小時或一天，恐怖經驗的每一刻似乎都永遠不會結束，因為環境正在攻擊我們的感官，我們遭到的衝擊極為痛苦，以致於我們等不及這種經驗結束、脫離這種狀況。

因此，我們在等待事件結束時，會把注意力放在這件事經歷的時間多長上，因而減緩了我們對時間的感覺。快樂的時光似乎總是一轉眼就過去（我們沒有意識到時間的流逝），因為我們處在快樂和幸福的狀態中，沒有什麼東西能夠讓我們脫離這種時刻，感受到比較不快樂的事情。

和我們感受到的快樂相比，這種經驗的快樂程度開始下降，促使我們把更多注意力，放在我們經歷的不快樂上時（即使不是厭煩，歡樂的程度也降低了），我們就會脫離這種心態。我們的注意力從歡樂（沒有意識到時間流逝），轉移到「我等不及這次聚會結束」時，我們對時間的感覺會跟著不快樂的程度比例放慢下來。

在物理環境中，經驗是以直線順序的方式，在一刻、一刻流逝的時間中發生，我們透過實際感覺，在片刻間體驗到的東西，會根據經驗的衝擊程度大小，變成電能儲存在記憶中，因為能量並非實體，記憶不受時間限制。

時間只有一個方向，但在我們的心智環境中，我們可以自由自在、隨心所欲的存取記憶，也可以刻意想起。我們可以用心智影像、聲音、味道等形式體驗記憶。我們的每一個記憶都構成認同的一環，記憶以能量的形式存在，因此具有推動我們行動的力量，不論我們是否知道，這種特殊力量都會用我們經歷過的方式，促使我們在環境中行動，產生更多的經驗和記憶。

基本上，我說的是：我們的存在同時跨越兩個大不相同的空間，我們知道自己在三度空間裡生活，因此我們的物理感覺會受時間節制，時間以直線的方式，一刻接著一刻的流逝。然而，在我們的思考空間裡，我們在物理環境中認知的時間和空間並不存在，心智環境中「時空不存在」的觀念具有非常重大的心理影響，會左右我們體驗快樂、滿足需要、達成目標等大致相同功能的能力。然而，在你處理這些影響之前，必須先了解經驗是以強弱不同的正能量或負能量，也就是我所說的以「能量性質」的形式被儲存起來。

第十章

記憶、聯想、信念如何管理環境資訊？

當交易獲利時，「害怕虧損」的心理會促使我們，把注意力放在那些市場會奪走我們利潤的資訊上，迫使我們早早出場。反之亦然。

從我們出生開始，我們的存在就是影響物理環境的力量，我們占有的空間，別人或其他東西無法占有。反之，物理環境影響我們的感覺，在我們和環境之間形成因果關係。你必須注意：上述這句話是從最廣泛的角度，為物理環境下定義，指的是涵蓋我們身外的一切，包括別人在內的環境。從最基本的層面來說，光是我們的存在，就為自己創造了經驗，「存在」表示我們擁有鮮活的感覺，我們會成為一股力量，和環境互動，同時，我們在環境中的活動會改變環境的構造和持續性。例如，我們的行動和行為會引發無窮連鎖反應，把地形、地貌多少改變一點。即使我們不主動改變或操控環境，我們仍然占據空間，因而受到大氣力量的影響，我們的呼吸也會造成大氣層構造的變化。

記憶，是以帶電能量的形式儲存

我們和環境不斷互動的經歷會被轉變成電子脈衝能量，以這種帶電能量形式呈現的經驗，不是正電就是負電，正負是由環境對我們感覺的衝擊而定。例如，嬰兒哭泣是影響環境的力量，說得明白一點，嬰兒哭聲會變成影響附近每個人耳鼓的力量，環境對這種力量如何反應，會為這個嬰兒創造經驗，決定能量的正負，紀錄在嬰兒的記憶中。

「能量性質」指經驗紀錄時是正電還是負電的相對性。例如，如果環境對嬰兒哭泣的反應是撫慰、關心，讓嬰兒覺得需要會獲得滿足，那麼這次經驗就會在嬰兒的記憶中，以某種程度的正情緒能量的形式紀錄下來，正電的強弱要看經驗的強烈程度而定，也就是由環境對嬰兒意識衝擊的程度而定。愉快、快樂、歡樂和關愛的經驗會以正情緒能量的形式儲存起來。然而，如果環境對嬰兒的反應嚴苛，嬰兒聽到叫罵（對嬰兒耳鼓的攻擊），或是遭到責打造成皮肉之痛，會對嬰兒的意識形成暴烈的衝擊，那麼這次經驗會在嬰兒的記憶中，以負情緒能量的形式儲存起來，負能量的高低由經驗的強烈程度而定。

儲存記憶的能量性質基本上分為兩種：第一種是電荷的極性，可分為正電性、中性或負電性；第二種是電的強度，強度可能從極強正電性到極強負電性，極強正電性等於經歷最大強度的歡欣鼓舞感覺，極強負電性類似經歷無邊的恐怖。你必須了解能量性質的觀念，因為能量性質影響我們對環境本質所形成的信念類型，這種信念會進而影響我們對資訊認知的方式，也會影響我們和環境互動的方式。

正能量的性質

正能量具有擴充性，會藉著創造有信心的感覺，促進心智成長或學習，進而產生探索與發現不可知事物的開放心胸。我把不可知事物定義為在物理環境中以可能性的方式存在，尚未以某種形式進駐個人心智環境的事物。正能量會促使我們保持像兒童一樣對環境的天生好奇心。

我們為了滿足好奇心，和環境互動，產生經驗，學習過去所不知道的東西，從而對生活感到興奮，因為我們不斷加強學習事物存在的道理，我們在環境中更有效運作的能力也因此提高。我們容許自己學習環境本質的程度，和心智環境中負能量的強度之間有著直接的關係——我強調的是要注意負能量的影響，因為內在環境中如果沒有什麼阻力，學習會相當自然的發生。換句話說，我們是否樂於學習新事物，讓心智持續地成長，沒有恐懼心理（負能量）將會是關鍵因素。

例如，當你開心地把小孩拋在空中再將其接住，小孩會要求你一再這樣做，這是小孩和環境互動、延長正面經驗的方法。正能量具有擴充性，會強迫我們和環境互動，為自己產生更多的經驗，我們的經驗愈多，學到有關環境本質的體驗也會愈多；我們學到愈多和環境本質有關的體驗，愈能更有效的和環境互動，就愈能滿足我們的需要、達成我們的目標。正能量記憶會賦予我們有信心的感覺，讓我們走出去，嘗試新事物，促成心智成長。

負能量的性質

同樣的例子，如果那位小孩是首次接觸被大人拋在空中的體驗，結果卻意外地掉落在地面上，他肯定會因此感到恐懼，不會要求你再拋一次，且對你再試一次的建議避之唯恐不及——他的行為會有所不同。這是兩種截然不同經驗的結果。第一個例子裡的經驗是歡愉的，小孩儲存了正能量；第二個例子的經驗很痛苦，小孩儲存了負能量。

不論我們是否對環境施加力量（好奇心促成的行為），得到意想不到的痛苦反應，還是環境不認識我們（只知道我們存在的事實），卻在我們身上施加力量造成我們的痛苦，這種經驗都會形成負能量的記憶——痛苦的回憶會產生恐懼，促使我們把環境視為具有威脅性，將來可能造成我們更多的痛苦。我們把環境視為具有威脅性，等於類似狀況中痛苦造成的經驗記憶（環境中讓我們恐懼的事情是我們認為具有威脅性的東西）。

正能量經驗會產生信心和幸福的感覺，相形之下，恐懼會限制或抑制我們的行為和對環境資訊的認知。我知道讀者偶爾都體驗過恐懼對我們行為的影響，恐懼可能導致我們逃離顯然危險的狀況，或使我們完全動彈不得，到了身體不會對明確的指令起反應的地步。恐懼會嚴重限制我們的選擇，不管環境是以提供我們新經驗的方式，還是以促使我們徹底避免一種經驗的方式，恐懼都會使我們和環境資訊的互動方式，局限在記憶結構範圍內。和環境互動會形成經驗，經驗會促成學習，如果我們根據個人的過去，體驗環境提供的東西，或是完全避不體驗，我們就不會學習有關環境本質的資訊。

痛苦經驗會產生負能量記憶，進而產生恆久的恐懼循環，因為我們避不體驗，恐懼循環會產生不平和不滿循環，當我們避不體驗時，就切斷了學習時感受到的快樂。正循環具有擴張性，負循環卻具有退化性，我們的痛苦記憶使我們不能以令人滿意的方式，有效學習如何和環境互動，從而體驗比較快樂、比較滿足的生活，因為我們無法學習我們需要知道和體驗的不同事物。

恐懼限制我們的行為範疇、限制我們對環境資訊的認知。恐懼限制我們行為的情況顯而易見，然而，恐懼影響我們認知的很多方式卻不是這麼顯而易見，事實上，有些方式非常細緻、難以辨認，除非我們學會如何尋找。身為交易者，你必須能夠客觀的觀察，要客觀的觀察，你必須學會辨認很多種細微的恐懼，以免恐懼在你不自知的情況下，摧毀客觀觀察的能力。這個問題我稍後會再詳細探討。然而，在我深入探討前，你必須了解聯想的本質，以及認知內在心智環境與外在物理環境之間，如何產生能量循環。

聯想

聯想似乎是我們思考方式的本質之一，也就是說，我們頭腦會自動把類似形態的環境資訊連接起來。這樣做基本上有兩種方式；第一種方式，是我們會自然而然地根據若干明顯的特性，為人物和事物標明和分類為相關類別，我們會根據性別、髮色、膚色、職業、經濟地位、教育背景等等，把人分類為不同團體後，接著會把和團體有關的知識與經驗，跟擁有相同特性的每一個人和每一件事聯想在一起。例如，如果我們跟膚色不同的人有過痛苦經驗，我們會自動的把每一個有這種膚色的人，都跟這次經驗的性質聯想在一起。

第二種方式，是把外在感覺資訊和若干事件聯想在一起。我們會自動把聞到、嘗到、聽到或看到的東西，和主要經驗的能量素質聯想在一起。例如，小孩挨打時，會把無意間感覺到的其他環境資訊和痛苦聯想在一起，他聽到、聞到、嘗到和看到的東西，全都會和打在他身上的力道強度結合。因此如果收音機上播放和他感受痛苦時的同一首歌，或空氣中洋溢一種相同的明顯氣味，他會把這首歌或這種氣味和痛苦聯想在一起。

這些環境特點（某一首歌或某種氣味）會和他心智環境中的負能量結合。小孩挨打時，甚至可能沒有注意到這首歌或這種氣味，因為他的注意力顯然放在其他地方。然而，將來他聽到這首歌或聞到這種氣味時，自然會體驗到挨打時的負能量。即使是很多年後，即使他最不喜歡想到那次挨打的經驗，如果他聽到這首歌或聞到這種味道，還是會讓他回到當時，但是卻像當下碰到一樣，把經驗從快樂變成憤怒、悲傷或罪惡感。

同樣的原則當然也適用於正面經驗，很多夫妻把「一首歌」和他們強烈的性愛或情愛經驗聯結，就是完美的例子，他們聽到「他們的」歌時，心裡會把那次經驗和這首歌聯想在一起。事實上，這首歌最後可能象徵他們整個關係的素質，他們聽到這首歌時，所有和這些記憶有關的回憶和情感都會流過他們的意識。

我們的心智系統會自動整理、組織資訊，這就是聯想。大部分的聯想性質都是無意識的，這意味著我們會把正能量或負能量與各種外在環境因素做聯結，而我們自己卻無法察覺——我們可以看到、聽到、嘗到或聞到一些東西，讓自己感覺到情緒波動，卻不知道原因何在，因為在我們的意識裡，不記得自己曾經把外在感覺資訊和相對應的主要事件結合在一起。

物理與心智環境之間的能量循環

無論何時，我們都不能接觸「所有」既存的環境資訊，我們的感官無法一次性同時接收所有資訊（看到、聽到、摸到、嘗到或聞到）。如果我們不能意識到所有的資訊，那麼我們一定有一些選擇的機制，負責挑選、注意和考慮我們所關心的資訊。

我們學到的東西會在內在和外在環境之間創造能量循環，我們把這種能量循環叫做認知，「認知」就是用我們的眼睛、耳朵、鼻子、味覺和觸覺，認識我們在物理環境中已經學會的東西。心智能量配合我們的實際感覺，根據我們已經學到的差別，把環境資訊區分、分類和組織起來。我們認識環境中已經學會的東西，是因為東西已經存在我們心裡。我們一定有一種接受這種資訊的心智架構——願意為這種資訊建立架構，開放心胸加以學習，否則我們會認為這種資訊沒有意義，而加以排斥或完全不予認知。

區別

區別就是分辨過去沒有分別的環境資訊。小孩如果沒有人教，就不會區分湯匙和鉛筆，會把兩樣東西都放進嘴裡，除非儲存在他心智環境中的東西發揮認知力量，把兩樣東西區分開來。環境裡的物體會釋出和自己有關的資訊，讓已經存在個人心裡的認知加以辨別，除非個人是第一次體驗這些資訊。湯匙和相關資訊在內外之間，產生能量循環，激發先前學到的區別，否則小孩會把湯匙和鉛筆都視為是可以放進嘴裡的東西。凡是我們不知道、卻可能存在環境中的東西，都是我們還沒有學到的東西，如果我們還沒有學會分辨，就無法辨認環境釋出的各種相關資訊。

例如，如果我要打開電腦，我的認知和專業電腦維修技師會大不相同。對我來說，電腦各個零組件釋出的相關資訊幾乎都毫無意義，因為我心中不存在任何意義，我眼睛看到的零組件似乎都屬於同一大類，因為我沒有學到不同零組件的區別，但電腦技師會用大不相同的觀點去看待零組件，因為他了解不同零組件的差別，知道彼此間的關係。這種了解就是用特殊方式架構的心智結構，讓技師可以認知各種零組件。零組件會釋出和本身有關的資訊，而我卻無法認知，因為我沒有認知這些資訊的心智結構。

學習解讀市場、辨認機會是另一個例子，可以說明我們稱之為「認知」的內外能量循環。交易者是造成價格波動的市場力量，因為大部分交易者沒有事先規劃交易，也不希望為交易結果負責，因此行動非常容易受到各種恐懼影響。通常不知道恐懼會使他們能夠認知的選擇大幅減少，客觀的市場觀察家因為沒有陷入恐懼循環，可以輕易的預測他們的行為。因此在某種市場狀況下，眾多交易者會基於自己害怕的事情會不會發生的原因，試著做同樣的事情，破壞市場均衡，迫使價格向一個方向波動。如果你還沒有學會如何辨認這種狀況，一旦當這種狀況出現時，你自然無法辨認，因為認知要出現，內部和外部環境之間必須要有能量循環存在。

我敢說，每個人都有一次又一次閱讀不熟悉素材的經驗，每看一次都會有新的認知，其中到底是怎麼回事呢？你每次閱讀，都在建立一種心智結構，讓你可以認識上次閱讀時無法預測的既有事物。換句話說，你每次閱讀得到的所有新見解，都是你第一次看書時既有的東西，要是你不能理解其中的內容，就必須等到你能創造能量循環，變成能夠認知那些資訊時才能理解，否則的話，就算你再認真，也會對你看到的文字視而不見，完全不會注意到其中的見解。

我們的認知和既有的現實環境之間，隨時都有龐大的差別。以學會在最適當時刻要求客戶下單的業務員為例，或以聽聲音就知道車子有什麼問題的修車師傅為例，沒有經驗的業務員或修車師傅會認為，這種能力似乎很神奇，因為他們會假設自己聽到或看到的東西，和有經驗的同事一樣。然而，實際情形並非如此，他們雖然一起拜訪客戶，或同時聽同一部汽車的聲音，他們看到或聽到的資訊並不相同，因為他們的心智結構不同，他們認知的其實是不同的環境資訊。新手業務員從每一個角度來看，都看不出有什麼資訊顯示當時是要求客戶下單的時機，新手修車師傅的情形也一樣。因此，兩個人學會如何正確辨識前，都看不出這種資訊。如果沒有人當場教他們辨認這種比較細微的差別，他們可能永遠都不知道有這種資訊存在。我們學會區別後，會更深入了解現成事物之間的因果關係。

認知如何塑造經驗？

我們利用感官體驗環境，在最基本的情況下，世界會變成由能量構成的電子脈衝，變成承載資訊、感覺和情緒的能量，其中情緒涵蓋極端的快樂到狂怒、歡欣到絕望、愛心到仇恨，以及介於其間、不同程度的各種感覺與情緒。我們每一次和環境初次接觸，都會產生過去不存在的記憶、區別或聯想。每一次初次接觸都是獨一無二的經驗，就像學習我們完全不知道，過去從未聽過的字彙代表什麼意義一樣。這些新記憶、區別和聯想內建到我們的心智結構中，成為我們所學外在環境本質的一部分。

一旦我們學到什麼東西，心智能量就會變成力量，影響我們體認環境中我們已知事物的感覺。因此能量在其中雙向流動——首先，我們透過若干獨一無二的經驗學到一些東西，然後認知環境中我們已經學到的東西。要說明這種觀念，恐懼是完美的例子，我們會覺得害怕，是因為看出環境中具有可能讓我們痛苦的東西讓我們覺得害怕，進而有一種恐懼的經驗，因為我們記憶、區別和聯想中的負能量發揮作用，影響我們的眼睛、耳朵、鼻子和觸感，看出環境中有一些東西，類似我們已知會讓我們痛苦的東西。

因此，我們認知環境中的一些東西（看出我們已經學到的東西）時，心智能量會影響我們的感官，環境反而不會影響我們的感官。換句話說，這種狀況類似或等於我們已經知道的東西，因此我們可以賦予這種資訊若干意義，環境並沒有像初次接觸時那樣產生意義，意義已經存在我們心裡。基本上，我們利用記憶、區別與聯想，藉著認知的方式產生經驗。

這就是為什麼一群人可以在相同的地點，面對同樣的市場環境，然後用不同的方式描述同一事件，道理就在這裡。這次事件對每個人都不同，原因在於每個人的體驗都不同，他們的經驗和心智環境結構息息相關。每個人都會用同樣的資訊做出不同的聯想，然後體驗和聯想有關，但程度有不同的正能量或負能量，因此在相同的資訊上，每個人會做出不同的區別，實際上就等於在這種資訊上賦予不同意義。每個意義由不同程度的正能量或負能量構成，進而產生和每一個人有關的不同經驗，每個人都會根據自己看待事件時，是以正能量的角度（時間加快），還是以負能量的角度（時間變慢），體驗這次事件。一般人如果不考慮這些心理變數，對於發生的事件得不到一致的看法，因而感覺極為挫折也就不足為奇了。因為我們體驗外在環境的方式由認知方式決定，每個人說的事件版本都獨一無二。

認知方式和心中已經存在的東西息息相關，除非我們正處在學習新事物的過程中。

其中的意義，是我們體驗到的大部分外在環境是由內在塑造，不是像大部分人所想像的那樣由外在塑造。換句話說，我們的初次經驗塑造了意義，也決定和這種意義有關的能量素質，一旦意義存在我們內心後，就會藉著我們選擇資訊和感覺資訊的方式，影響我們的外在經驗。

這個觀念很重要，因此我會再舉一個例子，說明認知如何塑造我們體驗環境的方式。假設我走近一具男人的雕像，我起初面對面的看著這尊雕像，體驗到漠然的感覺，也就是說，我看到的東西不會激發任何情緒。接著，我繞著雕像走，改變視角，變成正視雕像的輪廓，我看著輪廓時，雕像的臉孔讓我想起我非常喜歡，卻多年沒有見面的某一個人（聯想）。從這個新角度來看，雕像有了新的意義，把我的經驗從情緒上的中性，變成強烈想念這個人的懷舊感覺。

我看雕像時體驗到的能量，和我當下對環境的體驗，其實早已存在我內心裡，改變我內心感受的能量並非來自雕像，也和雕像毫不相干，是我獨一無二的心智結構促使我用那種方式，對雕像產生那種體驗。雕像產生了新的意義，因為已經存在我內心的能量影響了我的認知，使我改變觀點。如果我對雕像提醒我的人沒有正面經驗，那麼我應該會繼續體驗到冷漠的感覺。

「認知」和「情緒」的關係

很多時候，決定我們感覺（愛與仇恨、快樂和憤怒、信心和恐懼等）的因素並不是來自於外在環境，這些感覺和情緒早已是我們身心的一部分，而當外在環境和儲存在我們內心的舊有經驗（認知）相吻合時，我們就會自動地感受到這些感覺和情緒。

舉例來說，假設一名父親用一隻手抓著五歲大的兒子，口中罵著：「你這個笨蛋！」而另一隻手狠狠地朝兒子打下去。這個小孩是第一次聽見有人用「笨蛋」這個字眼罵自己，即便他可能不知道這個字眼在成人世界裡所代表的意義，他也會把這個字眼，和他聽到、感覺到的皮肉之痛連結在一起。從此以後，這個字眼在他的心智環境裡就會具有強烈的負能量。由於他已經體驗了這個詞的意義，未來若他再度於外在環境中聽到這個詞，他就能馬上辨認出來。

從這個小孩認識「笨蛋」這個詞的歷程來看，他的認知會如何影響他的體驗呢？每當他聽到這個詞時，他就會把這個詞和他的心智環境連結起來，並體驗到身體上的痛苦。外部環境要像第一次一樣，讓他感受到皮肉之苦嗎？不需要。因為只要當他聽到那個關鍵字，就會覺得痛苦。也就是說，自從他第一次聽到「笨蛋」這個詞開始，痛苦就已經儲存在他心裡，因此痛苦不必來自於外部環境。但如果父親在教訓他時，並無意讓他感到痛苦，或者不知道「笨蛋」這個詞會讓他痛苦，那麼結果會有所不同嗎？

結果還是一樣的。因為小孩在經歷疼痛時聽到了那個詞，因而把它和痛苦連結起來了——他怎麼知道這個詞還有其他意義（為他好）呢？他怎麼知道這個詞還可以用善意的方式表達出來？他不可能知道。因為他從來沒有在快樂的情境下體驗過那個詞。從他心智環境的角度來看，那個詞不可能有其他意義，此外，他很可能永遠也不會學到其他意義，因為每次當他聽到「笨蛋」，都會用痛苦的方式去認知、產生痛苦的經驗，進而加深已經和這個詞結合在一起的負能量。從第一次經驗開始，他就把這個詞和他的體驗緊緊綁在一起了。

環境隨時都提供一整套經驗給我們。除非我們處在學習模式中，否則個人體驗的東西和自我認知息息相關。換句話說，我們的體驗隨時都由儲存在心裡的東西（記憶、區別、聯想和信念）左右，儲存在我們心裡的東西和環境以經驗形式提供給我們的東西，兩者的關係並不會很疏遠。而當我們處在學習模式中時，會打開自己的心智環境，學習新的區別和其他意義，擴大我們對環境本質的了解。

經驗塑造我們的意義，意義再塑造我們未來的經驗。我要舉例說明這個觀念，一九八七年春季，我收看一個名叫《哈哈芝加哥》（*Gotcha Chicago*）的電視節目，內容是本地名人作弄其他名人。在節目的某一集裡，電視台請一位男士站在密西根大道的人行道上，舉起寫著「免費送錢——只限今天」的牌子（密西根大道是芝加哥很多高級百貨公司與精品店所在地）。這位男士口袋裡裝滿了現鈔，僱用他的人要他把錢送給上來要錢的人。想到密西根大道是芝加哥最繁忙的商業區之一，你猜會有多少人接受這位男士的施捨、上前討錢呢？

所有經過和看到這個牌子的人當中，只有一個人停下來說：「太好了！可以給我二角五分買巴士轉乘票嗎？」除此之外，沒有人走近這位男士。最後他深感懊惱，開始大叫：「有人要錢嗎？請你們拿走我的錢，我恨不得趕快送掉。」繞過他身邊的每個人都好像當他不存在一樣，匆匆而過。後來他向一位商人走去，問道：「你需要一些錢嗎？」商人回答說：「今天不需要。」扮作誘餌的男士一面說：「你覺得這種機會有多難得？請你笑納！」一面要塞錢給這位商人，商人簡單地回了一句：「不要。」就走開了。

在這種情況中，只有一個人的心智結構能夠認知環境表現出來的樣子，其他人都感覺這種狀況沒有意義，因此不能把送錢和實際環境狀況結合起來。除了那位索取二角五分的人外，沒有人看牌子，然後說：「太好了！有人免費送錢，不知道他會給我多少錢。」

我們通常認為「天下沒有白吃的午餐」，錢不會不勞而獲，因此，大家對這種狀況的反應應該不會讓人太意外。而且我們只要觀察大家的行為，就可以知道大家對這種情況的想法。如果大家認為錢可能不勞而獲，那麼我們可以假設大家應該不會走開，忽視得到一點錢的機會。因此大家賦予這種事情的意義和他們所經歷的事情，等於他們所想街上不可能有人「白白送錢」的想法。事實上，大部分人很可能認為這個人是瘋子，這一點說明了大家避開他、繞過去、避免和他接觸的原因。

然而，環境正是以代表自己的方式表現自己，「免費送錢」的牌子是真的，但是「免費送錢」的資訊不能和大家心中的信念拉上關係，因此大家認為這種資訊不是真的。個人的信念、認知和經歷的事情之間，有一種一對一的關係，除了一個人外，所有其他人顯然都不相信免費送錢的可能性，他們很可能認為自己看到的是瘋子，因此對這種狀況產生錯誤的體驗。然而，環境不能選擇這些人怎麼賦予環境資訊什麼意義，如果環境不能選擇，那麼每一個人就是根據自己所看到的狀況，產生自己的經驗。大家有很多其他的經驗，每一種經驗都等於個人對這種可能性的信念類型。

信念

信念藉著安排我們的聽覺、視覺、選擇和信念符合的相應資訊等方式，產生定義、做出區別、影響我們對環境資訊的認知。我們對環境的體驗等於我們所做的選擇，我們的選擇會和我們認知的資訊相符。然而，個人的認知也許和環境中提供的資訊不一致。免費送錢的例子中，每一個人都可以宣稱自己的體驗才是真正的現實狀態。如何才能夠讓他們相信不同的信念呢？大家認為自己的信念和後來的經驗是真正的現實，而不是和現實有關的信念。這種想法很自然，因為信念會和環境產生關係，這種關係最適於用圓形或封閉循環來說明。

「封閉循環」是指我們體驗環境過程的每一個部分，彼此都不互相支援，以致於每一樣東西似乎都不證自明，或不能置疑。由信念產生的封閉循環系統極為難以打開，信念會控制進入心智系統的資訊，個人實際認知的資訊會和信念相符合，個人的行動方針會和認知的資訊符合，後續的經驗會支持和加強信念的正確性。這種封閉系統不會容納其他可能性，因為經驗不斷強化這些信念，使信念不證自明的程度似乎愈來愈高，愈來愈不容置疑。除非我們打開心胸，甚至知道如何接受帶來新經驗的新資訊，否則的話，我們時刻都會體驗到信念所具有的封閉循環本質。

即使牌子上寫著「免費送錢」，那些經過這個牌子的人也不會想到環境會用這個方法表達自己。如果大家再度面對同樣的環境狀況，在不知道會有其他的可能性存在的情況下，行為應該還是會和第一次相同。認知和經驗必須相符，因為我們不能體驗自己還不知道的東西，除非我們願意接受其他的可能性，承認我們的認知有限，那麼我們就有可能體驗到我們不知道的事物。還記得前述那位商人拒絕接受送上門的錢嗎？他面對的經驗，應該會增加他區別環境本質差異的次數（不勞而獲的錢並不存在），他的心智應該會因此成長。別人免費送錢顯然是他還不知道的認知，雖然「免費送錢」似乎應該是強而有力的誘因，可以質疑「白送的錢並不存在」的信念，然而對那位商人來說，這種力量仍然不夠強大。他的信念顯然不容許他略微考慮這種可能性，而且再度促使他產生這種封閉循環，相信他在這種狀況中的行為，是他存在的真正本質，所有現實狀況都反映他信念的真正本質，反映信念管理環境資訊的方法。

信念定義了我們對環境資訊認知的特徵——所有的定義都會產生界限。信念會用各種方法管理資訊，維持內在和外在環境的平衡。個人認知的任何失衡，會產生某種程度的壓力或幻想，很多人維持平衡時，會對環境狀況產生自動反應，因為我們的信念造成這種似乎不證自明的反應，但事實上，在任何環境狀況中，其他經驗和我們信念鎖定的經驗同時並存。

信念阻止資訊流入心智系統，做的正是我們認為信念該做的事。信念限制我們對資訊的了解，以便我們可以分段學習，如果我們相信事物只以一種特定的方式存在，那麼我們的信念會變成自然的機制，阻止我們接受任何對立的資訊。

考慮或接受任何新資訊或對立的資訊，會促使我們開放心胸，面對平常不會考慮的選擇。在太短的時間內有太多的選擇，可能造成困惑和心智超載。要不是信念具有限制的特性，我們心理碰到的狀況，很可能類似電視機接收所有電視台播放的所有資訊，又同時把所有資訊透過同一個頻道、投影在螢幕上一樣。信念讓我們一次對準一個環境資訊頻道，以便透過這個頻道，學習有關環境本質的東西，然後我們可以在認知額外的可能性、學習如何處理其他額外選擇時，擴大認知，挑選另一個頻道。

恐懼如何產生我們想設法避免的經驗？

當我們學會前述的區別（分辨環境資訊）之後，我們就會形成自己的認知——認知循環中的能量密度決定了我們重點關注的事物。在任何時刻，我們對任一訊息的注意力是有限的。恐懼心理（高密度的負能量）會影響我們的注意力，限縮我們認知的範圍，讓我們的目光焦點集中在那些令我們害怕的事物上面。那麼，我們能用什麼方法，避開那些我們認為具有威脅性的東西呢？

學習開車是絕佳的例子，可以說明恐懼如何限縮我們的關注重點。對從來沒有開過車的人來說，開車的危險很明顯，要想像車子對撞的傷害不會太難，新手學會控制汽車所必要的技巧前，一定會沒有信心，不知道自己對任何狀況是否能夠適度反應。換句話說，他不信任自己，因此開車時會有某種程度的不安或恐懼，恐懼會進而使他把關注重點，放在迎面而來的車流，或專心注意必要的手眼協調，好把車開在正確的車道上。他極為專注他不會做的事和因此可能發生的事情，因此無法把多餘的精神放在別的事情上，例如不能繼續和乘客談話、不能用眼睛餘光注意四周的風景、甚至不能注意道路標誌。所有其他環境資訊都在眼前，他卻看不到或不注意，因為他必須把極多的精神放在他害怕的事情上（不能控制車子）。要到他對自己的安全駕駛能力放心後，他的認知範圍才會擴大，讓他認知所有其他資訊。

恐懼的目的是協助我們，避開環境中具有威脅性的東西。然而，我們不是避開我們害怕的東西，而是把痛苦回憶跟聯想與集中環境因素的天性結合時，我們反而創造了自己努力逃避的經驗。例如，小孩遭到惡狗狠咬後，自然會把所有的狗和痛苦的威脅聯想在一起，以致於以後每次碰到狗時，都會產生強烈的恐懼，甚至產生恐怖的感覺。小孩除了怕咬他的狗之外，也怕所有其他的狗，這種恐懼很真實。他無法分辨友善的狗和危險的狗，因為個人經驗告訴他，所有的狗都很危險。因為我們有聯想的自然傾向，我們只需要有一次最初的體驗，就會相信所有的狗都很危險。這一點是小孩所知道的環境本質真相，然而，從小孩和狗接觸的經驗來看，他和狗的關係不是環境所提供的全貌，不是每一隻狗都很危險，情形正好相反，有威脅性的狗很少，大部分的狗看到小孩時，都想和小孩玩。

不論這個小孩將來碰到的狗脾氣如何，他每次和狗接觸，都會產生恐怖的經驗。如果一隻狗對他做出任何動作，他都會把這種動作看成是攻擊，但實際上這隻狗只是想跟他玩，或是讓他撫摸。事實上，小孩可能變成非常害怕遭到攻擊，以致於把大部分精神，放在注意狗的周遭環境上，最後他的意識會變成注意和環境有關的景象和聲音，每次他看到或聽到什麼動靜，都會產生另一次只會加強恐懼的恐怖經驗，他的注意焦點會轉向他害怕的東西，以便逃避他知道有威脅性的東西。問題是和這種狀況相比，他學到的東西不對，並非所有的狗都很危險。他不知道這一點，自然會認為自己的恐怖來自外在，而非起源於內在。實際上，他的恐懼影響他的認知，促使他全神貫注環境中所有的狗，因而產生他努力想避免的經驗。

我們在環境中特別注意的東西，通常就是我們得到的東西，狗咬人清楚的說明了這一點。然而，我們的恐懼還可以用其他方式發揮影響，成為我們設法避免不太明顯事物的原因。請記住：所有的恐懼都會影響我們的認知，變成警告機制，協助我們避免具有威脅性的東西，要避免我們害怕的東西，方法之一就是拒絕承認具有威脅性的資訊存在。另一個方法比較複雜，會在我們的認知中產生真正的盲點，就是把我們的所有精神，都放在沒有威脅性的資訊上，排除所有的其他資訊。這種盲點會把各種可以認知的資訊，從我們的認知中完全排除，造成若干可怕的後果，在交易環境中尤其如此。

例如，假設市場提供我們認定的賺錢良機，讓我們可以進行交易，但同時我們的行動是以「害怕犯錯」為基礎，我們害怕犯錯，如果我們錯了，就會像過去犯錯時一樣，覺得心裡會堆積負能量。現在，如果市場顯示我們正確或錯誤的兩種資訊，讓我們選擇，我們會注意哪種資訊呢？一定是注意顯示我們正確的資訊，不會承認或考慮其他資訊的含義，然而，這樣的情況卻可能再度帶來慘痛的結果。

我們以一位害怕虧損的交易者為例，害怕虧損會變成明顯的衝突，因為從一開始，害怕就會使交易者難以進行交易。假設這位交易者受到某個機會的極度吸引，因此設法排除恐懼，進行交易，現在他注意的資訊會受市場左右。如果市場走勢對他不利，他會害怕面對再度虧損的可能性，因此會把注意力放在其他不具威脅性的資訊上，如果市場正好回到他的進場價位，他會出脫部位，如釋重負，不管市場是否可能恢復對他有利的走勢。但如果市場繼續向不利的方向波動，他的心防會開始崩潰，因為這種具有威脅性的資訊力量會變得太大，使他不能再阻擋這種資訊進入他的意識中，這時他很容易陷入癱瘓，不能再自主行動。最後，壓力和焦慮會變得極為嚴重，他想解脫，唯一的方法是——退出交易。

另一方面，如果他發現自己的交易獲利，他會把全部的注意力，都放在完全不同的資訊上。害怕虧損的心理會促使他把注意力，放在「市場可能奪走他的財富」上。如果交易獲利，他會把顯示市場走向可能繼續對他有利的資訊，也就是他虧損時所注意的唯一資訊，完全從意識中排除，而不是追本溯源，探討進場時點以前的資訊，他只會注意證實他心中恐懼的市場資訊。事實上，不管這筆交易還有多大的獲利潛力，害怕虧損的心理會促使他早早出脫部位，實現小小的獲利。一旦他平倉，如果市場繼續向對他有利的方向前進，他對自己放棄的利潤會感到懊惱，不知道自己為什麼不能再堅持久一點，卻不知道害怕虧損的心理害他失去所有額外的利潤。

這個例子說明為什麼絕大多數交易者會早早停利、卻遲遲不願意停損，因而導致虧損繼續擴大。當交易獲利時，害怕虧損的心理會促使我們，把注意力放在那些「市場會奪走我們利潤」的資訊上，迫使我們早早出場。

同樣的，當交易虧損時，我們的注意力會放在那些虧損以外的資訊上。恐懼促使我們在看清有什麼選擇之前就採取行動，我們害怕面對某些類別的市場資訊時，我們認知中的選擇會受到嚴重限制。如果我們有系統的排除顯示交易虧損的所有資訊，停損就不是我們認定的選擇；如果我們十分害怕市場會奪走我們的財富，繼續持有部位就不是我們的選擇。

為了防止認知中的這些盲點，我們必須學習交易時毫無恐懼心理的方法，要做到這一點，我們必須徹底信任自己，能夠面對和接受市場提供的所有資訊，必須能夠信任自己，知道我們不管面對什麼狀況，我們行動時，總是會毫不遲疑的追求自己最大的利益。凡是有所行動，都需要某種程度的信任，我們會發現，如果我們不信任自己能夠走出車流，要穿越馬路就會很難。從心理觀點來看，市場環境可能像遭到汽車碰撞一樣，會造成同樣嚴重的傷害。交易想要獲利，我們必須相信自己可以毫無恐懼的獲利，這樣我們才能更高明的評估狀況，看出更多的選擇，這句話的意思是我們必須做好必要的心智練習，以便擺脫內心中會限縮視野、阻擋我們認知某種資訊的東西。

第十一章

交易者為什麼必須學會「適應」？

外界的資訊和選擇隨時都遠超過我們的認知，如果我們不願意承認這一點，我們永遠不會承認或預測到這些「令人更滿意」的可能性。

我們適應環境改變的能力，和我們對生活滿意程度之間，有著直接關係。要適應外在環境的變化，表示我們學到更多和環境本質有關的區別時，會不斷改變自己，我們愈善於分辨環境中不同因素的區別、愈善於分辨不同因素的互相影響，就會認知愈多的資訊。我們擴大資訊的認知幅度後，就會更深入了解我們和外在環境之間的因果關係。也就是說，我們會知道環境會如何影響我們，知道環境對我們行為的力量會有什麼反應。

我們的了解和認知愈深入，愈能有效的和環境互動，愈能滿足我們的需要、達成我們的目標。滿足需要和達成目標會在我們的心裡，產生幸福、信心和對生活滿意的感覺，不能滿足需要會產生不滿、失望和惡化的感覺。成功、信心和滿意都是同義字，彼此互相激勵，產生長久的心智擴張與成長的良性循環。同理，失望、不滿和惡化也會互相作用，產生痛苦難過、焦慮和沮喪的惡性循環。

要滿足需要和達成目標，內心和外在環境之間，必須有某種程度的溝通或平衡。我說的「溝通」，是指多少了解外在環境的運作方式。我們的需要、意圖、目標和意願最先都儲存在心智環境中，然後才可能在未來的某種物理環境中分別展現出來，得到百分之百的滿足、部分滿足或完全不滿足，再形成和滿足程度相等的滿意或不滿意感覺。

為了滿足自己，我們必須和外在環境互動，滿足程度的高低，和我們跟外在環境互動時「知不知道採取最適當行動」息息相關，也和「根據所知採取行動的能力高低」息息相關。面對當前環境時，知不知道什麼是最適當行動，和我們學會多少可以學習的事情息息相關。

舉例來說：你可以試著畫一個直徑大約六英尺的大圓，去代表一切和宇宙本質有關、應該學習的事物，這些事物不受我們的知識範圍限制，包含已經存在，但是我們還沒有發現的東西。接著在大圓中畫一個比較小、直徑大約二英尺的圓，代表人類已知的所有知識。現在，在比較小的圓當中，點一個點，這個點大概足以代表我們個人累積的知識、已了解的見識——這個點對應古往今來人類已經發現和學會的知識，也對應人類尚未發現的一切。大圓和小圓間的空間，基本上就是人類或個人不知道或還沒有學到的一切。

環境中有很多我們可以經歷的事情。然而，在我們學會前，我們無法經歷這些事情，就像人類在發現原子能前，我們不曾經歷原子能所帶來的一切，但原子能已經存在了千百萬年，等待我們去經歷、學習和發現。這些事物是隱藏因素，必須有人主動去發掘。否則的話，環境如果以我們沒有學過或不知道的方式影響我們，我們在研究或了解這種物理環境前，不是不理會、把這種經驗看成不真實，就是形成某種迷信，或是認為這是某種未知或隨機的力量。我們開始研究後，學到很多分辨方法，承認所有互動的因素會互相作用，產生我們也認為是隨機現象的影響，到我們學會這種經驗為止。很多年來，學術界很多人認為，市場具有隨機性，這一點正是大家普遍不了解人性的絕佳例證。你了解大家恐懼背後的邏輯時，就會知道大家以極為合乎邏輯的方式影響價格。

小圓代表人類歷史某一個時點上，某人已經發現或經歷過的事情。人類歷史上所有的發現都會使小圓擴大，占據大圓中愈來愈多的空間。例如，中世紀時，小圓的大小很可能只有目前的十分之一，此後的每一項發現，都改變了我們可以經歷的空間，因為這些發現使過去不存在的心智環境增添了一些東西。換句話說，我們學習時，改變了我們看待世界的方式，促使人類的整體思維進步。

人類累積的知識無疑已經增加到極高水準，使得一百年前思維最寬大、最進步的人無法想像或深感困惑，現在存乎於世間的一切（汽車、飛機、電話、電腦等等）當時都不存在，都是某些人學會後和別人分享的東西，進而改變了我們所居住環境的構成因素和結構。但是，現在存在的一切可能性，從人類開始出現以來，就一直都存在。從人類第一次仰望星空、嚮往登月時，載人太空飛行的可能性就已經存在。當然，在我們的知識進展到可以把願望化為事實前，我們甚至不曾嘗試這樣做。但是，如果我們能夠回到一八八九年，告訴當時的某位四十歲男子，說他的曾孫、玄孫成長的世界是什麼樣子，他一定不會相信差別會變得這麼大——他一定會不相信，因為他不相信這種事情的心智結構，就像我們很難相信一百年後我們會進步到什麼程度一樣。

圓圈中的小點代表個人所體驗到和世界有關的東西，相對於人類累積的所有知識來說，個人的認知是有限的。也就是說，個人累積的所有知識——所有跟物理環境本質有關的記憶、信念、區別、聯想、見識或所知，皆會在環境中受到限制。換句話說，環境中的龐大資訊，總是超過個人所能認知或體驗的範圍。

我們未知的事物是如此之多，每個人都可以對環境發揮影響，可以用讓人滿足或不滿足的方式，改變環境、影響個人。每個人改變環境、影響別人的方式，取決於個人的心智環境結構。因此，除非你我能掌握每個人的行為方式，以及掌握他們影響環境的方式，否則別人的行為就代表和人性本質有關的未知外在力量。

我們可以在前述的小圓中點上很多點，直到小圓幾乎被填滿為止，小點代表世界上每一個人擁有的知識，小圓中沒有填滿的地方代表以某種方式存在、卻還沒有人知道的東西。我們也可以把小點湊在一起，每一點可以略微重疊，代表不同文化共有的知識和信念，不過重疊的部分不會太多，因為大家都因為個人經驗的差別，知道一些不同的東西。小點的大小也一定不同，代表我們活動時所依據的知識或識見水準的增減。例如，小孩的小點應該會比一般成人的小點小多了。

在我們出生前，物理環境就已經存在，而且我們出生時，一定尚未具備和環境互動、確保自己能夠獲得高度滿足體驗所需要的識見。例如，如果我們的心智和物理環境百分之百的相等，那麼我們應該已經學會所有和物理環境本質有關的知識，而且這種知識應該已經變成心智環境重要的一環。其中的意義應該是徹底了解物理環境中運作的所有力量，徹底了解這些力量的因果關係，清楚知道環境如何影響我們、產生經驗，也知道環境如何用反作用力，回應我們行為所發出的力量。因此，我們應該知道要採取最適當的行動，滿足我們的需要、意圖、目標和意願，得到充分的滿足。我把行為定義為心智能量以影響外在環境的形式，對外在世界表達出來的力量。

顯然沒有人能夠達成這種完美的境界，因此我們大概可以說，沒有人過著自己完全滿意的生活。然而，我們愈了解自己行為背後互相作用的外在力量，愈容易滿足自己的需要、達成目標，愈容易對生活比較滿足。如果我們不了解自己的行為，一定不能了解或預期別人的行為，可想而知，我們愈不了解可能影響我們的其他環境因素，就愈不可能滿足需要、達成目標，也就愈容易感覺失望、壓力、焦慮、難過和恐懼。

學習和經驗的本質

即便在我們出生時，不具備在物理環境中有效運作、滿足自己所需要的知識，但卻具備學習的欲望，這種欲望會成為發自我們內心最深處的動機，促使我們學習。天生的好奇心會驅策我們探索和學習。例如，我們一旦學到某種事物的本質或完成某種任務，我們很快就會感覺厭煩，轉而注意不同的東西。厭煩變成內在的力量，驅策我們尋找、發現和學習新事物。

吸引力也是一種內在力量，會驅策我們探索環境、創造經驗。例如，若你把小孩覺得好奇的東西（吸引他的東西）拿走，他會有什麼反應呢？他通常會開始哭鬧，甚至會發脾氣——哭鬧顯示他的內心需要不能滿足，哭鬧是一種傷心的形式，可以補償內在和外在環境中的不平衡。我們能夠心滿意足、探索吸引我們的東西時，表示外在已經滿足我們內在的需要，如果我們因此失去興趣、覺得厭煩，會開始在環境中尋找可能吸引我們的東西。

在人類的天性中還有一種特性，會支持我們的學習欲望，那就是我們學會一種技巧後，運用這種技巧的步驟會沉降到下意識中，讓我們可以自由的學習新東西。要學習技巧，我們通常必須把這種技巧分解成一系列較小的步驟，然後專心學習每一個步驟，直到我們能夠把所有步驟結合成一系列有效的動作為止。我們專心學習每一個小步驟時，會集中注意力忘掉外界的一切。想想你過去努力學習某種運動技巧時，努力把所有的動作結合在一起，此時若有人想把你的注意力轉移到另一件完全不相干的事情上，你會發現要專注一件事情，卻不降低對另一件事情的注意力極為困難。然而，當我們學會一種技巧後，就可以輕易地發揮技巧，同時把注意力轉移到其他地方。

相反的，如果我們卻乏這種特性，無法在下意識中運用學會的技巧，那麼我們的表現就會像嬰兒一樣寸步難行。嬰兒在撿拾地上的東西時，必須全神貫注在所有必要的動作上，只要想到這一點就不難理解——我們並非總是理所當然的擁有手、眼協調的功能，我們必須學習這種功能。我們願意學習，是因為我們受到環境中我們想用觸覺體驗的事物吸引。我們學會每一種技巧後，可以自動學到執行該技巧的一系列動作，以便不必專注在個別步驟，如此便可釋出我們的注意力，用於探索和繼續擴大我們能夠認知的事物。

學習和生存息息相關，會自然而然地發生，會透過強烈的好奇心發生，透過環境中那些具有強大吸引力、而我們又渴望知道的一切事物發生。從根本來說，學習會發生，只是因為我們活著，要繼續存活——必須和環境互動必須學習。然而，這樣不表示我們學到的東西很有用，能夠協助我們滿足自己。在我們幼年時，幾乎無法控制學習內容和方式，這點稍後會再詳細討論。

我們（像上述例子所示）擴大個人的小點，學習更多有關環境的知識後，因應環境的能力會提高。我們學習時，改變了內心環境的構造和成分，內在所做的每一種改變，同時會改變我們對外界的看法。外在環境不同，是因為我們行動時，根據內心增加，或改變過的新知識和新了解採取行動。每一種新知識都提供我們不同的新選擇，讓我們能夠用更適當的方式和環境互動，改變我們的經驗品質。

這樣說似乎表示：我們學到的東西和我們對生活滿意度的高低之間，具有明顯的相關性，但是我跟你保證，兩者毫不相關。如果相關性這麼明顯，大多數人會很難把狀況不如預期、不快樂、不滿足和缺乏知識等問題，和自己拒絕承認所有新知、需要學習新知等聯想在一起。

在我們學會該學的一切前，我們對每種經驗的滿意度總是可以再提高。如果我們不知道「該知道」的一切，我們可能預期外在結果應該等於內心環境。內外界這種完美的對應，代表我們徹底了解自己——徹底了解影響行為的內在力量，也徹底了解影響我們行為的外在力量。因為我們的知識都不完美，我們可以假設：我們和每一種物理環境交會的經驗中，很可能都有我們當時不知道的其他經驗可以選擇。這樣說的意思是我們最後所處的任何狀況，都和我們的了解、識見和因此而來的行動能力完全一致。

我們愈用心學習，愈能夠評估未來的可能變化。這句話暗示的是我們首先願意承認未來會有其他可能變化，不是只有我們預期和我們鎖定的可能變化而已。請記住：我們知道和不知道的一切事物之間，就是我們行動時的所有限制，這種限制和中世紀人類相信「地球是平的」所受到的限制並無不同。

外界的資訊和選擇隨時都遠超過我們的認知，如果我們不願意承認這一點，我們永遠不會承認或預測到那些「令人更滿意」的可能性——承認可能有比較好的方法，可以打開自己的視野、學習可能讓我們更滿意的方法；拒絕承認這種可能性存在，應該和人類發現電力前宣稱「電力不存在」一樣。如果我們繼續為現狀辯護、為我們已知的事情辯護，結果就會像環境持續攻擊我們一樣，會造成壓力和焦慮。外在環境之所以會變得具有攻擊性，是因為我們拒絕學習和事物存在本質有關的資訊。事實上，我們只要注意自己的感覺，就可以輕易判定我們是否需要學習什麼東西，才能在環境中更有效的運作。如果心智環境和物理環境之間從來不曾失衡、從來不曾缺少溝通，那麼我們在理論上，應該永遠沒有理由覺得失望、挫折、困惑、壓力或焦慮。我們會體驗到這種令人不愉快的負面情感，唯一的原因是心智和物理環境之間失衡、不協調或缺少溝通。內在和外在平衡時，我們會體驗到歡樂、幸福和滿足，因此我們可以推斷說，因為我們不知道最適當的方法，才會感覺到挫折和失望之類的負面情感；不然就是不知道下一步應該怎麼辦，才會感受到壓力、焦慮和困惑。無論是哪一種情形，感覺總是會說明我們和環境的關係處在什麼狀態，同時指出我們需要學習什麼東西，才能體驗更大的滿足。

舉例來說，如果我們對自己的人際關係不滿意，假設原因是我們沒有培養適當的人際關係技巧，這個假設會不會過於簡化呢？我們是否可以學習和運用某些溝通技巧，得到更滿意、更親密的人際關係呢？問題在於，我們同樣容易假設這種技巧並不存在，或是已經學會該學的東西，卻還是不滿意，就表示我們一定不可能體驗到滿足的感覺。我們根據最後這個假設行動時，即使環境證明我們的確可能更滿意，比如看到一對夫妻正在享受幸福時光，我們可能會認為他們是在「假裝幸福」，這樣我們就不必承擔責任，學習他們可能知道的東西。

第一個假設會引發研究、學習和擴張，為我們帶來更高的效率和滿意度，後兩個假設顯然會造成更不滿意的感覺。人名和地名可能改變，但我們會一再體驗到相同的痛苦狀況，這種不滿意的循環會繼續下去，直到我們承認自己需要學習一些東西、且開始學習為止。

已知事物會妨礙未知事物的學習

承認我們需要學習顯然不像表面上說的這麼容易，事實上，承認我們有所不知，或承認我們所知不很有用、也不很有效，會使我們碰到人生中的一個重大矛盾。我們面對的難題是：已知事物會妨礙我們看出未知道事物的情況下，我們怎麼知道我們缺少什麼知識。例如，我們學到「交易很容易」的觀念之後（最初幾次快速獲利的交易會讓你確立這種信念），會阻撓我們看出相反的資訊，也就是不覺得交易很可能是天下最難的事情。這兩種信念──交易很容易或很難──會導致完全不同的選擇，產生完全不同的結果。

由於我們是透過特定的個人體驗去學習環境中的事物，因此我們不會去質疑自己已知事物的用處和有效性。換句話說，我們之所以不會輕易去質疑自己的經驗，完全是因為我們已經實際用自己的感覺、視覺、聽覺、嗅覺或味覺，實際體驗過了──經驗以記憶、信念或聯想的方式，變成我們心智環境的構成要素、變成我們認同的一部分，因此無庸置疑。

如果我們不曾和環境接觸，我們的心態會十分開放，會像海綿一樣吸收初次出現的所有環境資訊。一旦資訊進入我們內心，我們不是為這種資訊辯護，就是和這種資訊對抗（在心智環境中不接受它），而不是樂於學習更多認識環境或認識自己的資訊。

對抗資訊的入侵需要能量，而像這樣投入的能量通常叫做「壓力」。壓力最簡單的定義是我們積極阻止環境資訊時的感覺。從物理學的觀點來說，壓力其實和逆風走路沒有兩樣，風象徵我們不希望面對的各種環境資訊，逆風走路的身體代表我們已經學會的東西——我們的內在攔阻外在事物，兩種力量發生衝突，我們就感受到壓力。

人生最大的諷刺是人人都希望自己正確無誤，換句話說，人人都假設自己的經歷和知識真實、正確。諷刺的是，每一個人的看法都正確無誤，因為我們內心裡的東西都是自己五官經歷過的事物——如果我們看過、聽過、摸過、嘗過、聞過，我們就經歷過。然而，拿個人的看法和環境互動、以便得到滿意結果時，不是每一個人的看法（環境以經驗的方式呈現出來的樣子）都特別有用或特別有效。某些事物能夠進入我們的心智環境，不表示就具有能夠幫助我們滿足自己的真正價值。

對一個小孩來說，他並不知道自己的經驗是怎麼轉化成信念的，事實上，他對現實的信念在不同的環境狀況中會大不相同。毫無疑問的，小孩會把經驗當成事實，因為他的信念來自於於他的感覺和情緒。他並沒有反思自己的經驗，藉此評估信念的性質。他也無法判定將來他要表現自己時，這些信念會變成他的助力還是阻力。

小孩不知道自己的信念會以排除其他可能性的方式，界定現實的定義，否則他會用很有限制性又不實際的方式，把經驗聯想在一起、結合各種環境構成因素。他的興趣促使他用新的方式和環境互動時，他的很多信念會失去力量。同樣的，大家靠著學習擴大認知範圍時，會自然成長，學會新的限制，擺脫過去相信的東西。然而，如果我們的很多信念中具有負能量，那麼恐懼會妨礙我們自我表達，限制我們認知環境中的可能性。

舉例來說，如果一個人在成長階段，不斷遭受父母的貶抑或批評，他很明白這種感覺——他會在痛苦中形成和自己有關的信念、形成他和環境的關係。但在成長過程中，他肯定不知道自己形成了這種「認為自己很沒有價值」的信念，而這個信念就是指他沒有考慮到他長大成人的樣子，而且他很可能永遠無法擺脫這種傷害。與此同時，他害怕遭人嘲笑和貶抑的事實，會嚴重限制他，使他無法看出環境中其他表達自我的可能性。對於其他沒有這種恐懼的人看來似乎再自然不過的可能性，對他來說則是完全不可能的。

更大的諷刺是，我們愈承認我們這種看法沒有效，我們愈會放任自己向環境學習。我們擴大個人的知識，把更多外在事物納進內心，我們和內心溝通的水準就會提高，我們不知道的外界事物會愈來愈少，正確無誤的能力會更為提高。

我們愈努力學習，會愈善於評估未來出現的可能性。環境影響我們的方式幾乎不計其數，其中有些是我們已經知道的方式，有些是我們必須繼續學習才能預料到的方式，你考慮這種狀況後，就知道我們可以靠著學習，改善自己的地位。我們相信自己知道的愈多，環境愈容易證明我們的知識不是特別有用或有效。問題在於這種證據可能擺在我們眼前，我們卻看不出來，除非我們樂意面對和考慮這種證據。否則的話，既然我們全都知道這麼多東西，我們應該永遠不會感到痛苦難過才對，這種情形是最好的證據，顯示我們不知道如何和環境互動才會覺得滿意——否則我們應該會覺得滿意。這一切應該都很明顯，因為人類不會主動搜集、考慮跟事實真相衝突的資訊。我們還沒有學會的資訊可能是更高明的技巧，更可能為我們帶來極為滿意的結果。但是因為我們不知道自己還有什麼東西沒有學到，而且我們既有的知識會妨礙我們，害我們看不出其他方法可以讓我們滿意，我們會因此陷在令人不滿的可怕生活循環中，認為世界能夠提供的東西有限，實際上，我們的困境只是沒有適應能力的結果。我們要求自己適應時，就會知道在我們看出的選擇之外，總是有更多可行的選擇。我說的適應，意思是看出和主動改變內心裡的東西，以便提高內在和外在之間的溝通程度。

我們和物理環境接觸的每一種初次經驗，都會在心裡產生和物理環境本質有關的認知，以初次經驗表現出來的資訊或可能性，都會以同類的方式存在，再透過我們從這次經驗學到的認知，進行過濾。我要再用小孩和狗的初次痛苦接觸為例，小孩出於天生的好奇心，希望跟他看到的第一隻狗玩，但狗卻咬了他一口。由於這次經驗，小孩「自然」會把所有的狗，和咬他的狗「聯想」在一起，他學到的東西會變成心理障礙，阻擋和別的狗有關的所有環境資訊。

我用「自然聯想」的說法，指出小孩不必主動想到狗在他心中表現的限制力量。聯想會自動出現，成為和我們心裡連接的自然功能，因此小孩不必看到咬他的「那隻」狗，任何一隻狗都會使他想起過去經驗帶來的痛苦，由於他從和狗初次接觸學到痛苦的經驗，他會把未來和狗的接觸，自動和這次的痛苦經驗聯想在一起。不管他的聯想有多不對，不管環境怎麼努力證明狗都很友善，不會讓他痛苦，他都不相信，因為他所認知和狗有關的知識（不是一隻狗，而是所有的狗）會阻止他的心智系統接受這種新資訊。

如果小孩和狗初次接觸時，學到令人滿意的經驗，顯然他會毫無保留的和狗玩耍，直到碰到痛苦的經驗為止。但是在這種情況中，如果狗咬他，他不會把所有的狗和咬他的狗自動聯想在一起，因為他已經知道環境提供的資訊，比這次的痛苦經驗還多。他學到狗並非都很友善的新經驗，他和狗互動時多少必須小心一點，必須先確定狗的脾氣。

初次接觸狗就學到痛苦經驗的小孩，他不知道和狗接觸可能體驗快樂和歡欣，因為他沒有這種經驗，不管環境提供什麼證據，他都還沒有學到這些事情。而且除非他願意從恐懼中走出來，否則他也不可能學到這些事情，他已經學到的能量會把環境所提供和狗本性有關的所有資訊，全部擋下來或排除掉。

你可以隨意教小孩任何東西，不管你的教導和環境狀況相比錯誤多大或多不正常，小孩會相信你教的東西，因為他的經歷會成為認同的一部分。我們的任何經歷都會成為認同中的功能，我說的「功能」是指一旦什麼東西進入內心，不管東西是什麼，都可能成為影響我們行為的力量。所有能夠發揮功能，我們稱之為經驗、記憶、信念和聯想的東西，都會進一步成為內部力量，塑造我們對環境中所經歷事物的認知。

個人的恐懼是我們透過經驗，在生活中學會應該害怕的東西。我們會覺得恐懼，是因為我們學會把這種環境狀況看成具有威脅性。沒有經歷過痛苦經驗的人，卻不會把同樣的狀況和痛苦經驗聯想在一起，而且會用完全不同、和過去經驗對應的方式，看待這種環境狀況。某一個人可能把這種狀況看成具有威脅性，另一個人可能看成是機會。換句話說，他們心裡的經驗，會決定他們把環境狀況看成是體驗歡樂的機會，還是經歷痛苦威脅的可能，或是介於兩者之間的任何狀況。有趣的是，兩個人都無法說服對方，讓對方相信自己的看法正確，因為他們當時經歷的事情，和他們已經學到的東西直接相關。

我們通常只有在迫不得已時，才會質疑心中的某些事情是否有資格當成終極解決之道。我們需要什麼樣的終極證據，才願意承認自己需要學習？當然是痛苦！我們經歷極度失望、壓力和焦慮之類的痛苦難過後，因為不知道下一步該怎麼做，發現更難以轉移我們最後必須承擔的責任，才會承認我們需要學習。

我們回頭再看「相信交易很容易」的例子，如果我們知道交易很容易，為什麼我們會認為交易很難呢？什麼原因促使我們質疑這種信念？是無法達成目標造成的痛苦難過嗎？一旦我們質疑信念的用處，會有什麼結果？會有一大堆資訊展現在我們眼前，讓我們學習和交易環境更有效互動、提高溝通水準的方法。但是除了我們自己想到的全新事物之外，環境中能夠加強我們了解的一切事物都已經存在，只有我們已經知道的能量會阻止我們發現這些事物、阻止我們學習新事物。問題是如果學習新事物表示我們必須改變已經學會的東西，我們似乎會直覺的拒絕這樣做，不管我們已經學會的東西和新事物相比有多麼不適當，情況仍然是如此。一旦我們學到什麼東西，這種東西就會發揮力量，阻擋可能讓我們看出其他選擇的其他資訊。不管小孩的知識多麼不正確，連他們都會拒絕接受和既有知識相反的資訊。

學習等於改變，不論是改變我們已經知道的事情，還是學習全新的東西，都是這樣。如果我們拒絕改變（適應），不肯在既有知識之外學習能夠加強分辨能力、改變本身觀點的新事物，我們就無法學習新知識。如果我們的內心不改變，外在也不會改變，我們會因此鎖定在痛苦和失望的循環裡。我們會繼續受苦，到痛苦大到迫使我們別無選擇，只好重新評估自己的信念是否有用。

既有的知識會過時

除了我們的局限性（既有的知識會阻擋我們學習新事物）會把我們困在失望循環中之外，學習適應與改變還有更實際的理由。為了滿足需要、達成目標，每個人都會被迫和不斷變化的物理環境互動。我們和環境互動的方式、在環境中看出的選擇、應該如何因應等問題，全都和我們已經學會的事物息息相關。前面提過，物理環境的一切構成因素皆在不斷變動，任何持續運動的事物（包括所有由原子和分子組成的東西）也一直在改變，因此物理環境中的自動化功能就是「改變」。

但是，心智環境是由正能量和負能量構成，兩種能量帶有和經驗有關的資訊，我們學到的東西會形成有系統的型態，我們把這種型態稱為和物理環境本質有關的「信念」與「觀念」。這種能量不是由原子和分子構成，因此不會隨著時間改變，事實上，我們用感覺去認知時，能量是在時間以外的非物理空間中存在，電能（或用化學方式產生的電能），可以和電能中攜帶的資訊，用同樣的型態儲存在電池中。換句話說，時間不會影響這種能量（正能量或負能量的程度），也不會影響我們認知的環境資訊，以及能量對我們行為方式的影響。

配合外在變化改變心智環境並不是一種自動化的過程。不管心智環境中的物理環境本質資訊多麼過時、多麼沒有用，甚至可能十分有害，卻都可能好幾年或一輩子不會改變。此外，這種過時知識會繼續影響我們的行為，促使我們用完全不能配合當時狀況的方式，和環境互動。因此即使我們在生活中的某些領域得到滿足，我們還是不能理所當然的認為我們學到的知識不會改變。外在狀況不斷變動，把需要學習和適應的各種力量展現在我們眼前。若以交易市場環境為例，市場一直在波動，而且時時刻刻都在變化，在我們所處的其他環境中，變化雖然稍慢，卻還是在改變。問題是即使我們有所不滿，狀況還是會改變，我們卻不見得能夠看出改變，除非我們經常警惕自己——我們學到的有用知識仍然可能過時。

第十二章

交易者「達成目標」的動力

交易可能讓你快速累積暴利，但要保住利潤卻必須有心理力量的支持，而這種支持經常都不存在——交易世界裡有這麼多暴起暴落的悲慘故事，原因就在這裡。

第一、我們要先列出明確的需求、定出目標，然後才能在一定程度上滿足需求、達成目標。這一點不像看起來這麼簡單，天生的好奇心和興趣是強大的內在力量，會創造需要，也會在需求獲得滿足前，在我們和物理環境之間，形成不平衡的狀態。我們受到環境中某些活動、人或物吸引時，經常難以看出可能性，或制訂任何計畫，因為內心其他力量會以信念、聯想或記憶的方式形成障礙。我們必須了解我們的需求或深受吸引的東西，和其他內心障礙力量之間的關係與可能的衝突。

第二、我們能否滿足需求、達成目標、是否覺得滿意，和我們多了解外在環境力量的本質息息相關，因為要滿足需求和達成目標，我們必須和外在力量互動（我們的了解程度和我們多希望在環境中表達自己、創造想要的效果直接相關）。

第三、我們能否滿足需求、達成目標，和我們培養多少和環境互動的技巧有關。

第四、我們能否滿足需求、達成目標，和我們執行這些技巧的能力有關。

我們的希望、期望、渴望和實際得到的東西如果不同，只是顯示我們該學卻還沒有學到的事情有多少，或顯示我們沒有適當的技巧，不會做應該做的事情。在該學卻還沒有學到的事情中，有一點是我們能否從環境的觀點，客觀（不帶幻想）評估我們希望得到或需要的東西供應量有多少，換句話說，我們希望得到的東西從一開始，數量或供應的時間架構可能並不符合我們的希望或需要，而且我們的心智結構事前不能分辨實際供應狀況。

我們也必須考慮另一個可能性，就是我們想要的東西確實可得，我們卻因為沒有學到適當的分辨能力，因此看不出來。事後我們發現當時不知道的事情，會讓我們用不同的方式「看」事情，在這種情況下，我們最後通常會對自己說「但願我知道」或「要是我當時知道就好了」。然而，我們經常永遠不會發現：我們希望得到和得不到的東西之間，只是看法上的小小變動而已。我們不知道自己沒有得到想要的東西，原因只是我們根本不知道還有更多的事情要學，如果我們的心智結構能夠正確分辨，如果沒有什麼東西妨礙我們的認知，我們應該可以看出這一點。或許我應該補充說：如果我們和其他人互動時，利用暴力和操縱，得到原本得不到的東西，就是強迫別人不根據自己的信念做事。如果別人的信念和我們想從他們身上得到的東西一致，其中應該會有和諧的狀態，我們應該不必利用暴力或操縱。我們不必對有這種信念的人使用暴力或加以操控，否則就會讓他們產生不平衡的狀態，造成他們將來會用復仇手段，矯正這種不平衡。一般說來，我們對人生狀況的觀察符合這一點，我們大都把時間花在改變現狀，使現狀符合我們的內心環境，事實上，我們只需要改變自己對現狀的想法，就能改變我們經歷現狀時所體驗到的素質。

在第二種狀況中，我們沒有適當的技巧，不會做該做的事情，我們可能知道應該採取什麼最適當的步驟，也客觀的評估我們想要的東西有多少，但這樣不表示我們有執行這些步驟的技巧，我們可能低估了在這種狀況中達成目標所需要的技巧（就是我們不知道有更好的技巧），或是高估了自己在這種狀況中的能力。

此外，即使我們學會了適當的技巧，我們仍然可能保有會阻止或限制我們的若干信念或恐懼，使我們不能正確執行達成目標所需要的技巧。這些信念或恐懼可能是我們意識中知道的東西，也可能是完全在下意識中的東西。我把下意識定義為我們不能用意識思維過程立刻得知的經驗，例如，有人可能害怕下水，也意識到這種恐懼，卻一點也不記得自己有過和水有關的痛苦經驗，以致於不知道自己為什麼表現出這種樣子。

心智環境是由能量構成

「回憶」和「記憶」的差別很大，我們在環境中經歷的事情會變成記憶，回憶是我們把這種記憶喚回意識思維過程中的能力。有些記憶很容易召喚回來，因為通往記憶儲存處的通路很多，換句話說，我們記得怎麼想起某些記憶。然而，有很多經驗會沉到下意識中，我們不是因為沒有利用記憶通路，忘了怎麼喚回這種記憶，就是從來不完全了解起初我們的感覺有過什麼認知。然而，我要說的是：進入心智環境中的東西不會只因為我們不記得，就消失或不存在。就小時候學到的信念或經驗影響行為的力量方面，我們喚回這種信念或經驗的能力不是相關因素，時間也不是相關因素。我們意識中對經驗的回憶可能隨著時間淡化，卻絕對不會影響其中的電能（能量的品質），也不會影響能量背後的情感力量多寡。例如，時間會治癒所有傷口的老話，就不適用在心智環境中，時間會治癒身體的傷口，是因為身體是物理現實的一部分，其中的一切都會隨著時間變化。然而，時間不會影響存在心裡的記憶，因為心智環境不是由物理物質構成，而是由不會隨著時間流逝而變化的能量構成。

情感傷口（負心智能量）永遠不會消失，除非我們學會如何從中解脫或改變情感傷口。大家認為時間會治癒情感傷口，是因為大家經過很多年的經驗後，已經在無意間擺脫痛苦，或是建立了對抗痛苦的信念系統。事實上，我們似乎擁有無限的能力，可以拒絕承認傷害，藏起情感傷害造成的影響，因而使傷害變得似有似無。我們幾乎總是知道身體什麼時候受傷，你知道自己摔斷腿，是因為你不能走路，如果斷腿沒有痊癒，你也會知道，因為你不能像過去一樣走路，或是走起路來仍然會痛。可是情感傷口並非總是這麼明顯，因為我們總是可以建構信念，使我們對生活中經歷的不滿與痛苦的難過循環，似乎不起反應，從而隔絕負能量對我們的影響。

我要指出這一點，是因為我發現大部分人都很難相信，他們兒時的經驗至今仍然可能影響他們對環境的看法，仍然可能影響他們自我表達的方式。不過你怎麼可能用別的方式考慮這種情形？我們經歷的每一件事情，都會成為我們心智環境的一部分，所有的部分再成為內在原因，發揮作用，影響我們對外在環境的體驗。我們不必記得自己學到害怕某些東西的原因，甚至不必刻意承認這種恐懼存在，因為我們總是可以把恐懼合理化為其他東西，總是可以靠著吃藥、喝酒，協助我們阻擋恐懼。然而，不管我們多努力阻止內心的感覺，內心的感覺仍然存在，否則我們一開始就不必努力阻擋這種感覺。恐懼會存在，是因為不管我們是否容許自己回憶起恐懼的來源，記憶中某些過去經驗的能量都會使我們覺得恐懼。

記憶、信念和聯想不會隨著時間過去而消失，也不會因為濫用藥物，或設法把這些東西藏在下意識中，變成更難查覺而消逝，除非我們學會怎麼管理記憶、信念和聯想。只要我們活著，這些東西就會繼續發揮能量來源的作用，影響我們從環境中選擇資訊的方式，影響我們自我表達的方式。你是否奇怪為什麼破除有害的習慣這麼難？為什麼執行某些深思熟慮、你下定決心執行的計畫這麼難？這麼難的原因是存在我們內心的信念，發揮了阻擋我們心願的作用。想做什麼事情不見得是心願，換句話說，我們想做的每一件事情中，都有一部分心願受到信念、記憶和聯想支持，也有一部分得不到支持。心願得到支持時，做起事來會變得好像游刃有餘，因為我們想做的事和任何信念、記憶和聯想都沒有衝突。然而，如果我們的心願和信念、記憶或聯想並不協調，事情做起來會十分困難，我們會變得不能專心、很容易分心，或是會犯下大部分人所說的「愚蠢錯誤」。

例如，抽菸的人認定抽菸是壞習慣，決心戒菸，他的心願是表達自己是不抽菸的人。可是他抽完最後一支菸後，抽菸的信念會立刻促使他把注意力放到香菸上，使他很想再抽一支菸。這種情形顯然是信念和心願的典型衝突，也是心願得不到結構性支持的顯例。換句話說，他沒有「我不抽菸」的信念。他不抽菸信念中的能量，必須來自他刻意希望改變抽菸習慣的意願。然而，意願不會立刻打消他多年抽菸所建立信念中的所有能量。這種信念的能量很大，會影響他意識所注意的事情（注意環境中的香菸，而且想抽菸），也影響他的行為（拿起菸來抽）。

即使我們想做的事情得到內心（信念、記憶和聯想）的支持，也會因為受到其他對立信念的影響，難以貫徹實施。屬於「愚蠢錯誤」的行為，最可能是下意識或忘掉的信念和意願直接衝突的結果，交易是說明這一點最好的例子。很多人奉獻極多時間、精力和財力，以便表現自己是交易者。他們學了很多交易知識——同輩甚至對他們擁有的豐富市場知識表示敬佩——但是他們仍然無法按照計畫執行交易。有些交易者可以日復一日的持續獲利，但是在他們遇到瓶頸時，在一、兩次交易中就讓他們把獲利吐回給市場。他們吐回獲利的方式，和他們賺錢時的交易風格完全不協調。他們虧損夠多的資金後，會恢復正常的交易方式，然後整個過程會一再重複，這種行為不是意外，而是事出有因。

在這種情況中，這些交易者的確都已經培養出有效、可行、可以獲利的交易策略，都有一些結構性很強的信念，支持他們作為交易者的希望。然而，他們沒有看出或消除一大堆其他信念（包括意識中和下意識中的信念），這些信念和他們從事交易賺錢的其他信念直接衝突。例如，有很多和個人宗教教義有關的信念，跟整個投機觀念直接衝突——交易是拿走別人的錢財，卻不提供任何服務。此外，交易還有別的意義嗎？這種事背離大部分宗教教義。另一個典型的例子是大多數人成長時，都學到非常強而有力的工作倫理信念，對於什麼是工作、人應該怎麼賺錢，都有嚴格的定義，交易和這些定義都不完全符合。

不管你學到多高深的交易策略，交易仍然違反傳統教育賺錢的信念。最後，對立信念中沒有明白表示的能量會累積到某種水準，交易者會發現，自己的行為方式和交易規則或賺錢意願完全不協調，甚至經常會查覺自己即將犯下交易錯誤，卻看著自己犯錯而無力阻止自己犯錯，或是在虧損多到足以釀成心理失衡前，不願意阻止自己犯錯。

發生這種事情時，如果我們不了解到底是怎麼回事，又嚴厲的批判自己，就可能會覺得有什麼不對勁，而感覺無可奈何或恐懼，因為我們似乎無法控制心中能夠極度影響我們行為的無形力量。大多數人不了解這種問題或不能有效因應時，會設法建立心智障礙，阻止這種操控自己行為的力量。但這種方法顯然無效，反而使情勢看來更可怕，這時就是藥物濫用趁虛而入的時候。例如，酒鬼知道自己喝太多酒，酗酒最根本的原因是為了把心靈和自認無法控制的內心力量隔絕開來，酒鬼愈努力隔絕，內心力量會變得愈有力，因此必須再多喝酒才能隔絕這種力量。酒喝愈多，反映內在環境的外在環境會愈惡化。最後，整個物理環境和身體會極度惡化，到達無法和真實狀況隔開的地步，這時酒鬼會承認「不錯，我酗酒，我需要改變。」這番話的意思是「不錯，我需要解決生活中害我開始喝酒的問題。」

這一切的意義是：學習忘掉痛苦記憶或忽視不支持自己意願的信念，絲毫不能減少這些東西引發我們做出某些行為的力量。如果我們希望改變不好的行為，我們必須改變這種行為的內在來源，必須學習管理心智能量，學習如何治癒情感傷口、改變或完全消除對立信念，以便擺脫恐懼對我們的限制。如果我們知道如何管理信念、記憶和聯想，前面說過的這種強迫認知痛苦循環根本就不會開始。

我已經指出有三種力量會影響我們的生活。第一種是可能促使我們採取行動的所有外在環境力量，我們可能了解其中一部分力量，卻不了解其他力量，我們深入了解這些力量、根據所知採取行動的程度，和我們跟環境互動、滿足需要、達成目標時的滿足程度成正比。不管我們是否了解，所有外在力量隱含的意義是：從用處的角度來看，所有自動改變實體事物的外在力量都會過時，例如，你坐著看這本書的椅子會隨著時間的過去劣化，到了某一個時候，椅子再也不能支撐任何重量，你對椅子很堅固的信念會因此消失。

第二種力量是好奇心與注意力之類的的內在力量，內在力量似乎會以事先決定的方式，驅策我們探索、學習和環境互動。例如，環境裡有些事物天生就比較能夠引起我們的學習興趣，有些東西卻不是這樣，就像有的人總是希望當音樂家、消防員、演員或醫生，從事這種行業會為他們帶來極度的滿足。然而，如果環境力量迫使我們從事天生不感興趣的職業，我們會體驗到非常難以看出的空虛，只覺得生活中有什麼缺憾。每個人天生都對內心最深處的東西很好奇，深受吸引，這些東西的自我表現力量強而有力，會驅策我們在物理環境中，創造我們想像的東西，或是追求我們感興趣的目標，但是這些東西經常以信念的方式，和環境力量與心智力量直接衝突。

第三種力量是信念、記憶和聯想代表的心智力量。信念、記憶和聯想跟好奇心與吸引力不同，信念、記憶和聯想是我們體驗物理環境的結果，好奇心與吸引力卻是天生的，似乎由靈性或遺傳事先決定。但有些信念、記憶和聯想會發揮積極力量，和物理環境有效互動，得到滿足，有些信念、記憶和聯想卻只有反效果。很多信念、記憶和聯想是失敗、痛苦和不滿的來源，會把我們鎖定，變成只能看到已知的事情，破壞天生的好奇心，也就是會阻止心智進一步成長。

老狗變不出新把戲

我們必須和物理環境互動，才能滿足需要、達成目標，我們想要更滿足，關鍵是進一步認識和了解這些力量的本質，必須經常學習。唯一會阻止我們繼續學習外在力量本質的東西，是以信念、記憶和聯想表現出來的心智力量，這些力量會逐漸累積，成為阻擋妨礙我們天生的好奇心，甚至完全打斷我們的學習過程。

「老狗變不出新把戲」這句話的確有幾分道理，但真正的說法應該是「老狗不願意學習新把戲」。不論年紀大小，人人都可以學習新事物，問題在於學習能力和是否抗拒或拒絕學習。拒絕來自我們的全部信念，信念會告訴我們：「少來了，我已經知道我需要知道的一切了。」用這種態度對待環境，結果當然總是碰到破壞性影響，而且幾乎總是帶來有害的事件，以致於抱持這種態度的人會承認：苦難的來源是自己根本不容許心智環境改變。這種「萬事通」的態度在某些人身上很容易看出來，重要的是我們必須學會看出這種心態，因為每個人心裡，都有這種信念、記憶和聯想，會發揮自然管理資訊的功能。

要持續不斷的學習，必須先學會適應，要適應就必須學會若干特殊心智技巧，知道怎麼用思維提升、修改、取代或改變心智環境構成因素的極性（電荷），以免心智環境限制或禁止我們的認知和行為，阻止我們和物理環境進行更高水準的溝通。我們藉著刻意的適應，可以更滿意的方式，學習滿足需要和達成目標的方法。請注意，滿足需要、達成目標的意義是克服信念、記憶和聯想的妨礙，探索我們覺得好奇、深受吸引的事物。

適應的意義是下定決心，不抗拒學習和改變，思考時樂於擺脫信念、記憶和聯想的限制，樂於學習管理心智能量的方法，以便擺脫痛苦記憶的負面影響。學會改變痛苦記憶的極性後，我們就不會再覺得痛苦。記憶的極性消除、負能量消失後，會喪失產生恐懼的能力。恐懼總是害人專注自己害怕的東西，限制我們所能看出的選擇，結果反而創造出我們設法逃避的東西。你必須注意，記憶的極性改變時，記憶的結構並沒有改變。

換句話說，我們沒有忘掉經驗，經驗似乎是我們的物理環境本質知識的一部分。我們把記憶能量的素質從負變為正後，記憶創造恐懼的能力就會消除，我們因此可以看出環境中的所有其他選擇。

改變意願最好不是出自於絕望，這樣才可以早早在狀況惡化到絕望的地步前，知道我們需要學習什麼東西。要這樣做，我們必須在心智系統中，納入三項基本假設，以便維持我們和環境之間的健全關係，產生推動學習過程的能量，然後我們體驗到的好處會推動我們的學習意願。

第一個假設，是我們還沒有學到我們應該知道的東西，因此在我們了解身外的一切事情前，總是會有我們不知道的力量會影響我們。其中的意義是：我們從出生起到死亡為止，都必須不斷學習，因為我們的心智還沒有進步到能夠同時認知所有隨時出現的資訊，在此之前，我們會被迫根據我們學會的信念，選擇資訊。

第二個假設，是信念的學習有兩種方式，一是藉著外力；二是依靠選擇。外力是外在環境強加在我們身上的東西，選擇是好奇心和吸引力之類內心力量表現在外的東西。用這兩種方式學到的信念，在滿足自己方面可能不是很有用。

第三個假設，是環境狀況不斷變化，因此我們所學到有用、有效又能夠讓我們滿足的東西，必須改變。換句話說，要體驗更滿足、更快樂所需要知道的知識，經常會取代我們現有知道的一部分或全部。拒絕改變我們現有的知識，和宣稱自己無所不知、不必再學習沒有兩樣。我們很容易知道需不需要學習新事物，如果我們處在長期滿足的狀態中，就不必學習，和環境互動時如果有任何不滿意的感覺，就代表我們需要學習新事物。

當下具有完美的性質

如果你根據上述假設運作，你會了解每一刻都是你進步狀況的完美指標，也會顯示你必須怎麼做才能自我改善。以我們所說的交易者，交易者的目標是靠交易賺錢，他看到自己認定的賺錢機會時，會進行交易。但是他的所作所為，卻是出於害怕犯錯的恐懼，因此恐懼會影響他對資訊的認知，使他看不出顯示他錯誤的任何證據。請記住：恐懼是警告我們避開威脅性狀況的自然機制。犯錯有什麼威脅性？這個例子和大部分的例子一樣，威脅性來自交易者心中從過去經驗累積的痛苦和羞辱。如果市場或有人讓他看的資訊和他的希望牴觸，恐懼會促使他看待這項資訊時的觀點遭到扭曲，或是使他怒吼：「別告訴我這種事」，這樣做的目的是避開心中累積的痛苦。事實上，恐懼會害他創造自己設法避免的經驗，因為他逃避的資訊會顯示市場背離他的希望。如果市場走勢對他不利，他很可能不願面對這種證據，除非認錯的代價較低，也就是虧損多到他受不了，不希望再繼續虧損的時候，此時他比較容易承認錯誤。不論什麼時候，我們都會像這位交易者一樣，努力的結果會以自我表現的方式，反映在環境中。

目標是我們投射在環境裡的意願，是將來必須達成的意願。目標來自我們承認自己缺少什麼東西，承認會讓注意力自動聚焦，掃描環境，尋找滿足需要的方法（路徑）。我們認知的環境資訊（見識的素質和深度），和能夠分辨的資訊減去遭到恐懼阻攔的資訊息息相關。我們滿足需要時自我表達的方式，和下列三個因素息息相關：一是我們的認知；二是我們依據認知做決定的步驟；三是我們學會的技巧減去和信念、記憶與聯想衝突的信念，使我們和環境互動的每一刻，都是我們擁有多少知識，以及根據知識行動能力好壞的絕佳指標。

如果我們拒絕承認、拒絕接受每一個時刻的完美性質，就是拒絕接觸自我改善所必須的資訊。要學習更有效的自我表達技巧，有一個地方是真正的起點——要發現這個起點，必須接受每種當下的結果皆反映了我們個人的事實和現狀，這樣我們才能看出自己需要學習什麼技巧、要怎麼展開學習之旅。如果沒有真正的起點，我們的行動就是以幻想為基礎。

幻想是我們自認知識比實際擁有的多，能力也比實際好的結果。我們誤以為環境和我們一樣，具有相同的認知，因而積極阻擋對立的資訊。接受每一刻都是絕佳自我表達時刻，進而看出必須學習才能進步的想法，和自認十分完美、不必學習的信念之間，差別很大，這種差別就是幻想。如果有人擁有完美的知識和能力，根本不必抱怨，也不必找藉口、找理由或合理化，說明為什麼事情不照計畫發展。

每一句「要是」、「本來」、「應該這樣」、「如果這樣」，都顯示我們沈溺在幻想中。「如果我們如何……」、「我們應該這樣」的意思是：我們隨時都盡了最大的力量，考慮了所有影響認知與行動的因素，包括意識中和下意識中的因素。承認和接受這才是最完美的狀況，總是會讓我們找到真正的開始，指點我們必須學習什麼，才能用不同的方式認知狀況，或是得到資源、培養不同的反應技巧。

如果前文說的交易者希望提高效率、常保獲利，那麼他必須努力自我改進、必須了解市場總是正確無誤，如果他不把嚴格的心智結構強加在市場行為上，他可以從市場總是正確的特性中獲利。他必須擺脫害怕犯錯的心理，以便客觀觀察市場，否則他怕犯錯的心理會影響他，反而害他犯錯。他也必須制定明確的交易規則，指引自己的行為，並且學習如何遵守這些規則。如果他根據明確的交易規則操作，他應該永遠不會讓虧損擴大到痛苦之至，以致必須退出市場的地步。然而，如果他把虧損歸咎於市場，努力說服自己不必為結果負責，拒絕承認自己目前的發展狀態，那麼他就是沈溺在幻想中。他會否定自己，拒絕讓他能夠達成目標所需要的資訊。

我們必須樂於面對真正的自我，才能面對表現在外的真正自我，我們愈不沉溺在幻想中，我們對外在環境的認知愈能反映實際狀況，因為我們不會封鎖這麼多既有的資訊。我說的既有資訊才是我們能夠認知的資訊，我們愈不封鎖，學到的東西愈多，我們學得愈多，愈容易預期外在環境在某種情況中會有什麼反應。否則的話，我們會拒絕了解和自己有關的事物，也拒絕了解環境中的相關事物。

沒有人喜歡承認自己的弱點，但是，承認弱點才能追求成長、超越弱點，否則的話，我們會繼續以幻想為基礎，建構生活，動用極多的能量、酒精或毒品，來維持幻想，但是幻想最後一定會崩潰，造成極為痛苦的強迫認知。面對環境或和自己有關的真相，不會比面對幻想造成的強迫認知痛苦，只是比較直接。真正面對自己的內心，正是打破不滿循環、達成進步和成功循環的第一步。面對現狀、看出自己需要學習什麼，隨即開始學習，同時自我調整，追求最有效運作，絕對是最高超的目標。

所有交易者都能得到他們應得的東西

交易者進行交易，然後平倉的決策過程，是所有心智因素互動的結果。如果我們列出所有因素，衡量其中含有的能量，再把增進自我評價的正面因素，減去降低自我評價的負面因素，結果就是我們對自己的評價。這種評價和我們在一天、一個月或一年裡，從交易中賺到的錢相等，同理，也和我們虧掉的錢相等。

我知道大家很難接受這種觀念，但是除了考慮我們還沒有學到的識見和技巧外，怎麼可能還有其他可能性？所有交易規則都是我們自己制定的，除非是融資斷頭，否則不會有人強迫我們進場或退場。任何交易都有很多獲利落袋或停損的可能，我們在每筆交易的每種可能中決定怎麼做，是認知和影響認知的所有內部因素之總結，我們最後的實際行為是決策和執行決策能力的總結，這一切還是由若干心智因素決定，這些心智因素都有助於增進我們的自我評價。

交易是累積金錢的練習，我們學會交易之道（看出機會、執行交易）後，還有誰或什麼東西能夠為我們的結果負責？事實上，如果交易者畫出了自己的資金曲線，資金曲線應該會反映交易者的內心衝突，也應該反映他們日復一日、月復一月和年復一年的自我評價。這種線圖看起來應該很像典型的市場柱狀圖或點線圖，有支撐水準、壓力線、整理區間、反彈、賣壓和回檔。所有線圖都會反映交易者的心理狀態，就像市場反映所有參與者的集體心態一樣。

如果你知道如何研讀線圖，這種圖表在市場上也可能具有預測價值，有些比較專業、管理大型基金的經紀商，會為商品交易顧問製作這種圖表，以便交易管理資產時利用，他們會根據每個人的線圖，調度管理商品交易顧問帳戶的資金。換句話說，一旦資金曲線創新高時，要判定誰什麼時候會賺大錢就不會太難，因為個人累積的心理力量，就像大行情前市場累積的集體力量一樣。

交易者如果想在市場上賺到更多錢，就必須學會不斷提高自己評價的方法，以便相信自己值得得到自己想要的東西。交易可能讓你快速累積暴利，但要保住利潤卻必須具有心理力量的支持，而這種支持經常都不存在——交易世界裡有這麼多暴起暴落的悲慘故事，原因就在這裡。要提高自己的評價，第一步當然是接受自己的真正起點。換句話說，我們必須自己承擔責任，藉此了解市場，了解自己。最後，我們的一切作為都會提高或降低我們的自我評價，這就是自我評價可能天天或時時變動的原因。據我所知，提高自我評價最好的方法是決心追求成長。

第十三章

如何管理心智能量？

當你學會改變內心，藉此體驗不同外在環境的信心指數提高之後，我們面對困難問題的能力也會隨之提高。

「管理心智能量」到底是什麼意思呢？事實上，我們已經採取許多管理心智能量的方法，只是你可能不自覺而已。例如，最初的輕微情感傷口（像是小小的侮辱），是否可以用強化傷口背後情緒能量的方式，擴大成陷入情感瘋狂的地步？怎麼做才能達成這種目的？只要我們願意多想想我們覺得受辱的原因就夠了，我們的思維可能增加或減少傷口的能量，是增是減要看我們選擇什麼想法而定。如果我們想的是破壞性的想法，就會為傷口增加負能量，使傷口惡化，而且我們顯然可以把這種做法，帶向我們選擇的極端，或是帶到我們選擇的終點，到我們願意或選定的時間為止。然而，要停止這樣做，難度卻會隨著所應用的能量比例提高，事實上，我們透過經驗，傳達負面想法，刻意裝出比最初還生氣的樣子，就是一種管理或操縱心智能量的方式。

同理，如果我們正面思考，就會降低傷口中的情緒能量。我確信讀者已經注意到，如果一個人一直生氣，就會拒絕傾聽那些可以化解怒火的言辭。我們拒絕聽所謂的「理性聲音」時，就是決定不管理心智能量。生氣的人不理「理性聲音」，唯一的原因是知道這種資訊可能改變自己的想法，知道如果自己改變看法，接著就會改變想法，體驗到不同的外在環境。如果他不管改變有什麼好處，就是不願意改變，他思考時，就會用不容許自己體驗這些好處的方式思考。這些例子只是我們根據自己的意願、配合自己的目的，操縱環境的眾多方式中的少數例子而已。我們管理心智能量時，的確可能是為了達成破壞性的目的，也可能是為了達成建設性的目的。其中的關鍵是意願和目的，這種意願是特殊的心願，會刻意引導我們的思維，改變我們內心中沒有用的事物。

思維是改變心智環境極為有力的工具，能夠取代、整理、增添、減少或改變心智因素的極性。思維和電力或光線很可能沒有不同，是能量的形式之一，可以發揮作用，影響物理環境，就像我們說出自己的想法、影響心智環境一樣。我們把思維導向內心時，基本上是把某種能量當成工具，改變另一種能量的成分和構造，就像運用思維改變信念，或是釋出痛苦記憶中的負能量一樣。

因為思維具有天生的力量，大家才這麼費心的用自己即將接觸的資訊（別人思維的實際表現），保護自己。每個人憑著直覺，都知道如果我們容許自己想起某些東西，這種想法會改變我們的內心，一旦內心存在的事物改變，我們認知和體驗的外在環境就會不同。如果我們不希望擾亂內在和外在之間目前的關係，我們會刻意採取必要行動，確保我們不接觸可能威脅這種關係的東西，確保我們不考慮會改變這種關係的東西。改變其實就是願意思考的結果。

我認為，如果我們不希望心智繼續成長（超越我們已經學到的東西，增加自己的認同），不希望把成長引導到意識層面，那麼我們就不應該擁有思考、推理和創造的能力。我們能夠思考、推理和創造，背後的意義是我們有能力靠著學習，擺脫痛苦和不滿意的生活循環。痛苦的記憶會打開和延長痛苦的生活循環，因此基本上我認為，天生的思考和推理能力中，具有治癒情感傷口的能力，使我們能夠超脫恐懼，看出環境中提供的東西。我們必須藉著學習管理心智能量，學習治癒情感傷口。把痛苦記憶掃進下意識中，以便忘掉痛苦的記憶，不能降低痛苦記憶對環境資訊認知的影響，也不能降低環境資訊促使我們採取某種行為的力量。

這是我們天生具有的稟賦，這種能力可以超越現有信念、記憶與聯想的支配，思考真正的環境是什麼樣子；超越現有限制（信念、痛苦記憶和錯誤聯想）推理，或用很有創意的方式利用想像力，是一種補償力量，可以讓我們成長、改進和進化，擺脫個人和文化所陷入的破壞性痛苦生活循環。然而，你可能必須注意其中一些事情：行動潛力不等於行動能力，潛力變成能力前，必須經過培養、變成技巧。例如，我們可以運用想像力，設想將來滿足若干需要、達成若干目標的情景，再把這種設想投射到環境中，但這樣不表示是發揮創意、利用想像力，我們可能只是運用想像力，把記憶或信念中的東西投射出去。我們的識見也是這樣，識見通常出自我們現有的信念和記憶，因此我們思考的東西會符合現狀。要創造更滿意的未來，我們必須能夠想像這種未來，再投射到未來的環境裡。我們投射的東西和內心存在的東西之間，有一種直接的關係，除非我們想像的是我們還不知道的事情。

唯一能夠限制思維的東西，是別人告訴我們或我們自訂的規則。我們不會限制自己，只思考我們的信念和經驗。我們可以在自己的思維中到處漫遊，選擇根據其中一種思維行動，不管這種思維是否符合我們現有的行動規則，我們甚至會用自己的思維，改變我們可能不願遵守的規則。如果我們思考時，無意學習過著比較快樂、比較滿意的生活，進而引導改變的方法，那麼思考、推理和創意都不會存在。

我們在不斷變動的環境裡，一再經驗同樣的痛苦狀況，暗示我們看不出有別的選擇會產生滿意的結果，我們的認知和既有的知識直接相關。信念、記憶和聯想已經把我們鎖定，要看出其他選擇，我們必須知道自己還不知道的東西。因此如果我們想靠著學習，擺脫長期不滿的狀況，我們必須敞開心胸，思考既有知識以外的東西。環境總是提供我們機會，讓我們獲得某種程度的愛、和諧、快樂、成功、絕望、失望、憤怒、仇恨和背叛。我們最後感受到的這種情感是多是少，反映我們的內心狀況，因為環境不會解讀自己提供的資訊，負責解讀的是個人心理。還記得第十章中免費送錢的例子嗎？快樂跟漠然或恐懼的現實同時並存，那個人站在街上，把錢送給想要錢的人，怎麼解讀這種資料會決定個人經歷那種現實狀況。

創造力跟成長和變化是同義字，「創造」豈不是暗示造出過去不存在的東西嗎？如果東西已經存在，就是已經有人創造出來了。我們思考時，要以創造性的方式運用想像力，思維必須超越已知道正確或可能的事物。不熟悉創造性思考的人會驚訝的發現，光是願意質疑內心事物，就會帶來極多鼓勵人心的選擇。否則的話，記憶和信念會促使我們用符合過去的方式，思考未來，把我們鎖定在舊經驗裡。名字和地點可能改變，狀況卻總是相同，因為我們沒有改變心智結構，看出不同的地方。

「需要是發明之母。」換句話說，創造新機器、設備或程序，以便節省時間、金錢或賺錢，和創造「新的自我」，以便體驗成功和更滿意的生活沒有什麼不同。需要會成為思維背後的力量，讓思考超越現有的障礙，以便成長。障礙會成為阻力，阻止信念和所有痛苦記憶的範圍擴大，因此我們需要一種反作用力，破解這些障礙，這種力量就是思維和創造性運用思維的意願。

如果我們行動時，認定自己的知識不夠完美，相信我們可以進步到另一種狀態，那麼我們的生活會變得輕鬆多了，我們很可能也會滿意多了。一切事物都會進化到變成不同的狀態，實際情形看來可能並非如此，但是，每一天的每一刻，我們都會變成和前一刻不同的人。

從物理學的角度來看，新細胞會誕生，老細胞會死亡；從心智的角度來看，每一刻過去，我們都會經歷一些東西，每次經驗都會以記憶或信念的方式，加在我們的內在環境中，每一項記憶和信念會建立一種自我觀念，變成力量，影響我們和環境互動方式。我們和環境互動時，會用某種方式，改變這種力量，創造出我們可以發現和經歷的新環境。世界上的所有事物都在演變，因為所有事物都在運動，運動會造成變化。連最雄偉的山最後都會遭到侵蝕，變成小岩石，小岩石再變成塵砂。

其中的意義是：錯誤不存在的看法隱含在演進觀念中（我們處在知識不完美的狀態中）。錯誤只是指出我們還沒有學到，卻是顯然必須知道的東西。錯誤到底是什麼？我們生下來時，的確沒有帶來錯誤的觀念或定義。如果我們放任小孩不管，所有小孩都會和環境繼續互動，以便滿足學習和成長的需要，最終他們會知道自己的行為不太符合監護人的標準。所有的小孩都希望被人認可。

要為錯誤定義，我們必須向別人學習有關的的標準。換句話說，父母、老師把他們所下的錯誤定義教給我們，這種定義代表他們的痛苦經驗尚未消除，還沒有學會環境中痛苦以外的東西。換句話說，我們不知道無知和智慧的差別，就把無知和智慧傳下去，而且大家會把傳下去的不正常，視為和智慧相等的真理。

成人教小孩錯誤的定義時，認為自己是在拯救小孩，其實只是把痛苦傳給下一代。我們進步到可以從經驗中學到識見前，錯誤都不會消除。進步到這種程度後，我們的所學會讓我們不再體驗到錯誤或痛苦。但是，除非進步到這種程度，否則我們會覺得，必須把別人從我們犯錯的痛苦教訓中拯救出來，甚至必須把這一點強力灌輸到別人心中，以便造福別人。利用情感或痛苦作為工具，把別人從我們的錯誤中拯救出來的做法，反而會創造一種恐懼循環，因為恐懼會扼殺學習，我們這樣做，其實是確保自己有限的了解和識見，能夠在別人身上延續下去。實際上，我們像自己的父母一樣，把還沒有消除錯誤的痛苦，強加在小孩身上。這種情形會一代傳一代，到有人決定用創造性力量，打破這種循環為止。

要根據進化的信念行動，向自己的選擇學習，我們首先必須改變錯誤的定義。錯誤和痛苦其實是同義字，我們可以找到很多方法，避免承認錯誤，以免面對痛苦，同時阻擋我們追求成長、擴充和改善生活所需要的東西。即使我們在比較了解的領域中犯了錯誤，如果我們真的比較了解，那麼，我們做出的選擇，應該和根據錯誤做出的選擇不同。因此我們可以假設，我們心裡有一些東西，和更能影響行為的「較佳判斷」衝突。

和強化侮辱背後的情緒能量相比，要改變我們的錯誤定義不會比較難。想改變這種定義，必須學習一些心智能量管理技巧，消除其中的負能量，以便從所有經驗中學習，而不是逃避這些經驗、覺得痛苦或用某種方式懲罰自己。消除這些錯誤定義的不利影響後，要客觀觀察我們達成目標的進度，會變成容易多了。如果我們發現我們的行為和目標不一致，我們就會知道自己的信念和目標不協調，或是我們沒有正確的資源。無論如何，現在要看出我們需要學習什麼才能達成目標，會變得容易多了。

學習管理心智能量的好處

提高安全感和信心

知道自己能夠面對各種狀況，看出和學習最有效的行動方式，會讓你產生安全感和信心。培養適應當前狀況、滿足本身需要的能力，是培養安全感最好的方法。心智環境中的經驗記憶不會隨著時間過去而改變，但是物理環境會隨著時間改變，物理環境不斷前進，提供新的狀況，進而提供不同的可能性和機會，但是我們必須敞開心胸，才能看出來。

達成目標最好的方式，是能夠「隨心所欲」的改變我們的心智觀點，看出新的狀況，再發揮創意，應用想像力，判定滿足需要或達成目標最適當的步驟。

這種思考方式對真正成功的交易者很重要。因為影響市場的力量為數極多，市場展現的波動方式幾乎沒有止盡。我們都有一種心理傾向，會鎖定非常有限的少數方式，市場波動不符合我們事先認知的樣子時，我們會利用扭曲和幻想，編造出其中的差異，以致於後來必須承受苦果。交易不見得是沒有樂趣的痛苦事情，這完全是因為我們的心智缺乏彈性，又沒有適應能力，才會變得如此。

提高滿意度

人只要活著，就會有需要，人只要有需要，就會覺得不圓滿。我們的需要迫使我們和環境互動，以便創造圓滿狀態。要創造圓滿狀態，我們必須繼續學習，要繼續學習，我們必須適應。學習是我們活著的主要功能，我們滿足這種功能時，得到的獎勵是快樂、幸福和滿意的感覺，這一切都是我們體驗外在環境素質的副產品，和我們學到多少東西息息相關。

學習的相反詞是抗拒，我們抗拒環境提供的教訓、知識和變化時，會感受到壓力，壓力和幸福、快樂與興奮對立。由於我們和外在環境的關係變差，我們的經驗素質會惡化，外在環境不斷變化，我們卻不變，導致外在環境和心智之間的溝通減少，最後我們會為了拒絕適應而懲罰自己，因為我們體驗到的是痛苦、失望、壓力、焦慮和不滿——這些全都是我們缺乏真知灼見、害怕行動產生的副產品。

直覺增強

當你學會改變內心，藉此體驗不同外在環境的信心指數提高之後，我們面對困難問題的能力也會隨之提高。我們不肯面對難題，反而學會酗酒、吸毒、扭曲、合理化、一廂情願之類的逃避技巧，得到的結果都是痛苦的強迫認知。無論如何，我們最後都必須面對這些問題，因為這些問題幾乎不會自行消失，我們等的愈久，通常狀況會愈形惡化，使問題變得更難解決。

逃避心理還會帶來一個容易讓人忽略、和「一廂情願」有關的問題。真正的「直覺衝動」，是較深層的知識和智慧，它會為我們指引出下一個最適當的步驟是什麼，而且總是像一廂情願一樣，符合我們的最大利益。

換句話說，我們很難分清楚哪個想法是真正的直覺，哪個想法只是你的一廂情願，我們很容易將這兩者混淆，而這也是我們難以信任自己直覺的原因之一。當你相信自己直覺的時候，你有可能形成一廂情願的想法，而不知道該去面對問題。你可以一廂情願地認為市場會讓你回本，也可以果斷停損、為下一次機會做好準備。若想做到後者，你就必須改變心理環境，清除那個害你逃避、一廂情願的東西。使你一廂情願的原因愈少，你的感受就愈真實，而這才是真正的直覺衝動。當你的直覺愈真實，你就愈有信心遵照直覺行事——直覺總是能告訴你最佳路徑，滿足你的需要。

為了避免你誤解，我沒有說一廂情願一定不對，在某些情況下，一廂情願可能很有用，但是身為交易者，我們無法承受「一廂情願」的後果。因為一廂情願會害我們和市場形成被動的關係，當我們一廂情願時，是把實現願望的責任推給市場，而不是面對現實，採取自主行動。「一廂情願」是絕佳的指標，顯示我們不明所以，應該就此退場，直到清楚狀況後才進場。

智慧增長

當我們克服恐懼、打破挫折和不滿循環，或是改變痛苦記憶的性質，打破痛苦循環後，會學到問題的全部面向，我們的智慧會因此增長。智慧不是憤怒、不耐煩或偏見，因為其中有深層的了解、信心和信任，這一切都來自我們所體驗到的所有可能性、體驗到從極端負面到十分正面的可能性。如果我們只體驗某種經驗的負面性質，我們會覺得害怕；如果我們只體驗到正面性質（在某些領域中，從來不曾有過痛苦的經驗），我們就不會有這種恐懼，但我們的確可能培養出不耐煩的心態，甚至輕視有過負面經驗的人。

不耐煩起源於我們私底下怕受傷的恐懼心理，例如，環境中確實有負面的東西存在，但是我們從來沒有碰到過，因此不了解別人的恐懼，或是不希望面對顯示我們也可能碰到同樣痛苦經驗的資訊。真正超越恐懼的人因為不再恐懼，不會看不起還沒有超越恐懼的人。

我們克服恐懼，經歷其他可能性後，不但可以得到更多的選擇，也可以增長智慧。智慧是我們學到環境本質沒有負能量和恐懼後，得到的副產品，智慧是每一種黑暗時刻中的希望。要得到這種智慧，我們必須主動把負面性質改為正面，因為如果我們在只體驗到負面經驗的地方，提供正面的經驗，我們應該不會相信這種正面經驗。實際上，我們不可能相信，因為我們的心智結構不會接受這種現實狀況，環境還是我們看到的環境，如果我們不是第一次經歷，我們看待資訊和事件的方式，會受心中已經存在的能量控制。如果我們不積極努力，把負面的東西變成正面，我們會繼續生氣和恐懼，這種情形是我們自己的選擇，我們都有天賦的創造力和自由意志，可以任意選擇思考方向，只要我們願意，我們可以用思維改變生活品質。

第十四章

推動「改變自我」的技巧

所謂的「自律」，就是學習用你的意識去控制行動。自律並非是人們天生具有的稟賦，而是一種特殊的思考方法和心智力量，讓你可以改變和目標衝突的信念。

本章將透過以下內容，探討推動「改變自我」的各種技巧和練習。

改變信念系統中的意識

意識是身心的一部分，隨時都能夠認知周遭環境和內心的想法，也可以產生不屬於信念或信念系統的想法。換句話說，我們可以質疑任何信念的正確性或用處，刻意把注意力引導到別的地方，找到更有用或更適合的解決方法。質疑現狀、願意超越、願意接受下一個答案的人，會學到新知識。

大部分的讀者很可能會認為這種說法太簡單，且大家早已知道，但是從改變信念的角度來看，大家卻不見得都知道——問題在於大家是否願意改變。要看出或改變心中的任何事物，你必須有改變的意願，因為你想要什麼東西，你必須想到這種東西，而且我們想到什麼東西時，其實是在產生思維能量，這種能量和構成信念、記憶與聯想的能量相同，因此思維具有改變、重組、增減的力量，也具有改變心中事物極性的力量。基本上，如果你希望創造新的認同，你可以利用思維，創造新的認同。

我們有意做的每一個選擇，甚至只是選擇把思維重新導向，改變不適於目前需要的信念，都會導致腦中神經電路的變化。如果你做出和信念牴觸的選擇，希望消除這種信念的能量，然後據以行動，最後這種信念會失去力量，不能再影響你的行為。

你必須知道我們無法摧毀信念，信念一旦形成，就會終生和我們長相左右，但是我們可以抽走信念中的所有能量。例如，火堆會把木材的能量以熱能的形式，釋放到大氣層中，木材會變成灰燼，灰燼沒有能力產生熱能，因此對環境不再有影響，但灰燼仍然存在。信念的能量消除後，情況和灰燼相同，總是存在，卻不能再影響我們的認知或行為。很多人曾經相信牙齒仙子和櫃子裡的鬼怪，學到更多有關環境的本質後，這些信念最後都會瓦解，但是這些信念在瓦解前，確實會影響我們的認知和行為。我們可以說我記得自己曾經相信這些事情，這樣說表示信念仍然存在，只是不再有力量影響我們的心智系統。

你認同的每一種信念都有自己的安樂窩，安樂窩的界線是由信念固有的限制決定。所有的定義都會定出界線和區別，每種信念都代表事實真相，信念決定我們的環境，也決定我們和環境的關係。這些定義決定我們對內在和外在環境認知的容忍度。例如，你的信念是否容許你相信市場隨時會變動？如果你不相信，你認為會發生什麼事情？如果你認為不可能發生的事情發生了，你要花多久時間，才會承認這種事情？請注意認知的界線是由信念結構創造出來的。

在你學習改變時，有一點必須記住，就是信念善於反映你的意願和目標。所有的改變都會引發鬥爭，火山、生小孩、社會革命、刮風、下雨和波浪等，全都是改變具有暴力本質的例子，這也是這麼多人發現創新很難的原因。我們一方面都會受到創造力吸引和驅策，因為這是人性固有的一部分；但是另一方面，我們不希望面對衝突和隨之而來的新舊鬥爭。當你改變信念時，基本上就是這種情況，你從一套信念改為相信另一套信念時，一定會碰到一些衝突而覺得有點不舒服，然而這種不舒服會消失，改變卻會像所有的事物一樣，熟能生巧，最後會變成你可以運用自如的技巧。

看出信念互相衝突的練習

請把計時器定為十分鐘。

寫下一系列以「我」為開頭的句子。

盡快寫出你想到、注意到的每一種想法，你絕對不可以檢查任何一句話，尤其是不能審查對立的說法。

十分鐘結束時，看看你寫的東西，刪掉其中的事實，例如，你應該刪掉我是男性／女性、我眼睛是藍色的、頭髮是褐色之類的事實。

留下來的說法就是你要找的信念，對立的信念特別重要，可以消除你的能量，因為你具有內建的心智衝突，會在一種信念表現出正確性時，犧牲另一種信念。

看看有哪些對立或矛盾的信念呢？

❖ 我必須贏得勝利／但我可能不配。

❖ 我是贏家／我是輸家。

❖ 我成功了／我錯過了成功的機會。

❖ 我應該得到更多／我有罪惡感。

❖ 我是完美主義者／我相信人類天生不完美。

❖ 大家信任我／我不值得信任，一般人通常都不值得信任。

❖ 我相信輸贏之間沒有讓人滿意的中立地帶／我對自己和自己的進步感到滿意。

❖ 我很誠實／我不誠實，一般人通常都不誠實。

❖ 我認為認眞工作是賺錢之道／我認為交易是不勞而獲，不是工作。

向自己提問

你可以問自己下列問題，以便看出有哪些信念反對你多賺錢。

❖ 你認為什麼是罪惡？

❖ 你怎麼知道自己有罪惡感？

❖ 即使別人希望你有罪惡感，你在什麼情況下，不會覺得有罪惡感？

❖ 同樣的標準是否可以移用在你覺得有罪惡感的地方？

❖ 什麼東西可以阻止你？

❖ 過去有誰或什麼東西告訴你這種事情不對、你不可以這樣做？

❖ 他們對現實的評估是否比你正確，如果是這樣，原因何在？

❖ 你是否覺得這些信念有用？如果是這樣，有什麼用？

❖ 你是否覺得這些信念有限制作用，如果是這樣，有什麼樣的限制？

❖ 如果你可以看出和改變替你創造信念的經驗，你會怎麼改變？

❖ 什麼東西會阻止你改變？

你可以把下列問題中的「看法是什麼」，換成「看法對不對」。

❖ 你對競爭的看法是什麼？

❖ 你對自己擁有高超的交易技巧，因此可以賺走別人的錢的看法是什麼？

❖ 你對虧損的看法是什麼？

❖ 你對別人意見的看法是什麼？

❖ 別人的意見什麼時候正確？什麼時候不正確？他們意見不正確時，你的看法是什麼？

回答這些問題後，你會開始掌握自己的行為，了解信念為你設定的選擇範圍。

有時候，注意你認為不正確的事情，反而比較容易看出一種信念。你評估自己的信念時，也可以把信念當成是別人的信念——考慮別人（基於你的信念）用很典型的方式，針對生活中某些狀況做出反應的經驗，再考慮如果他們的信念不同時，可能會有什麼反應。

如果你發現有些信念不是特別有用，或跟你的目標有所牴觸的時候，就要使用肯定或瓦解的技巧，消除其中的能量。

用「寫作」推動改變

我們的每一種行動多少都會改變物理環境，我們的行動愈激烈、愈明確，改變幅度愈大。同理，每一種思維多少都會改變心智環境，思維愈明確，我們思考的意願產生的能量愈大，推動改變的力量愈大。改變出自我們願意思考的事物，希望把主動思考過程引導到某個意願上，就會推動改變自我。我發現：寫作是集中思維、推動改變最有力的工具之一。

寫作是心智環境表現在外的樣子，你想寫下一些問題的意願，會引導你的注意力，也會對心智環境的其他部分發出指令。從意識中發出的事物原本就存在，你找出這些東西後，可以用寫出指令的方式，引導心智環境改變。這種技巧可能非常有力，力量的大小要看你在其中加入多少力量。

如果要解釋這種過程，其樣貌可能類似如此：

意識→轉向→心智環境（尋找某些訊息的指令）

這些訊息會流進意識中（可能不是立刻流入），把這些訊息寫出來，會把意識變成實際的東西，意識就可以認知這種訊息（自我發現），並把訊息本質和個人經歷的生活狀況聯接起來，再評估目前心智環境結構的用處，希望創造新狀況。意識會問：「我需要什麼信念作為力量，才能變得更有效，才能創造我想要的狀況？」這是創造性思考的精神和妙用——向自己提問，等待答案在意識中出現或引導出答案。意識找到最適當的答案時，本身自然會知道，因為你身心中都會覺得答案正確。然後意識會把這些新認知變成改變的指令，並把改變紀錄在心智環境中，再對你發出指令，要你把這些新認知當成真理一樣接受，紀錄過程會迫使我們致力要求思維配合我們想創造的事物，這種思維會改變心智環境。

練習培養自律

所謂的「自律」，就是學習用你的意識去控制行動。自律並非個人特質，也不是人們天生具有的稟賦，而是一種特殊的思考方法和心智力量，讓你可以改變和目標衝突的信念。自律是推動改變自我比較直接的方法，因為你會刻意採取和改變標的直接衝突的行動。

因此，我把自律定義為：為了讓目標和信念保持一致而「刻意超越信念的界線」（處理你的行為所引發的不安）。如果你的行為總是和該對立信念不一致，最終你會因此去除這個信念中的能量。時間不會改變信念中的能量，但強度可以。也就是說，自我意願和決心的強度愈強，對立信念的力量就會消失得愈快。

假設你希望戒菸或減重，這種想法是有意識的目標，你的信念（至少其中一部分信念）會和你的目標衝突。在你的心智系統中，這種信念對菸友的定義很可能有很大的支持力量，你只要注意你打算採取和信念衝突的行動時（刻意的決定），會覺得多不舒服、抗拒的力量有多大，就可以判斷信念的力量有多大。你可以改變你自己的任何定義，然而，你首先必須看出這些定義，再判定這些定義在幫助你達成目標方面，有多少用處。你可以自問：「這種信念對我達成目標是助力還是妨礙？」凝聚心智力量，改變沒有用的信念，是改變這些定義的一種方法。我把這種心智力量叫做「自律」。

以下有一個練習，可以協助你培養自律和在生活中運用自律的方法。練習的目的是協助你用不同的方法運用心靈，你必須訓練頭腦，把精神專心放在你意識中希望得到的東西。你也必須學習怎麼評估信念系統發出的內部抗拒力量，學習怎麼建立和運用心智力量，刻意控制自己的生活。

一、列出一覽表，上面寫著你不喜歡做、覺得做不到或希望不再做的事情，也列出你從來沒有做過、卻覺得自己可能喜歡做的事情。例如，你可以開始慢跑、實施運動計畫或經常去倒垃圾。

二、表列出來後，好好看一遍，剔除生活中最不重要或不很優先的事項。

三、用最積極的方式告訴自己，你決心要做的事情是你人生中的大事，絕不可以說「你要試試看能不能做好」、「試試看能否達成目標」，這代表決心還不夠強。

四、訂出完成新目標的嚴格時間表。

五、每次照表實施時，都要把思維過程或流程寫下來，這時你可能會問自己：「應該怎麼追蹤自己的思維過程？」我們在物理環境中，不斷受各種爭取我們注意的資訊轟炸，我們知道周遭有很多事情同時發生，事實上，我們的意識同時分開指向很多方向。你必須用一部分的意識，注意腦海裡發生的事情，也必須用身心的一部分，監視自己的思維流向。你必須把思維當成不屬於你的東西，如果你能夠像監視別人的思維流向一樣，暫時注意腦海裡的想法，要搜集資訊，使這種練習變得有意義，也會變得容易多了。

六、你努力遵照時間表辦事時，是否碰到阻力、藉口或合理化？如果是這樣，要注意這些想法是否害你分散注意力、背離目標，這種情形是典型的例子，代表意識目標和不符合目標的信念系統衝突。

七、這時，你必須把注意力，重新引導到你選擇的任務上，最重要的是，你必須了解自己必須盡量把最多的能量，引導到達成目標上，你必須產生更多的力量，協助你把注意力放在目標上，而不是放在讓你分心的信念上。

有一點我必須警告你：做這種練習時，把注意力從讓你分心的地方拉回來，回到你希望注意的地方，不表示你必須壓制或否認可能讓你分心的事物，接受和承認會讓你和內心現有的東西合作，壓制和否認需要很多能量，反而為你想打壓的信念產生支持效果，所以對自己要寬容一點。

每次你決心達成任務，也完成任務時，就會產生力量，協助你再做一次。每一種力量都會從妨礙你的信念中，抽走一些能量，你每次達成任務，也會把能量分配到新定義中，新定義會讓你愈來愈輕鬆的從事這項任務，最後這個定義會成為你心智系統基礎的一環，這時你看來就像自動採取相關行動一樣。

這個練習中最重要的一點是：你會從改變信念的過程中得到經驗，每次你下定決心改變信念，你都會得到力量，讓你能夠再做一次，每次的成功經驗都會協助你培養另一套信念，讓你改變更多信念。你會建立和自己有關的新定義——「我相信我可以看出和改變所有跟自己有關、又可能和目標衝突的信念。」

你必須記住一些規則，這個練習才會有效。

一、開始練習時，要找生活中不重要或沒有什麼意義的任務。這個練習的目標是學習刻意操控內在環境、引導注意力的焦點，你選擇的目標應該不大，不會產生很重要的結果，否則就表示你選擇對抗的信念非常強固。在你還沒掌握必要的技巧和力量前，一定要避免這樣做。

二、要認清我們一出生，就開始學習操縱外在環境的方法，卻可能完全沒有操縱心智環境的力量，因此，有一點非常重要，就是你不能根據物理環境中的表現標準，判斷你執行自己所訂時間表的能力。如果你抱著太高的期望，嚴格評斷自己的能力，你只會否定自己的努力、開啓恐懼和能力不足的循環。你對自己的期望愈小，進步愈快。期望很容易變成必須實現的要求，期望無法達成時，通常會產生若干恐懼。除非你打算找出恐懼的來源，否則你處理內心的問題時，期望總是會否定你的努力。

三、執行計畫時不抱期望，會產生次要的好處，可以協助你學會接受所有成果都很好的態度，不管步驟大小，每個步驟都是確確實實的步驟，即使你沒有立刻貫徹實施，光是下定決心做這個練習，就具有重大意義。將來你更「了解」學會刻意操縱內在環境、使內在環境符合目標可以得到什麼力量後，或許你會回頭來練習。因此，爲了避免你對各種練習抱著太高的期望，我建議你把自己當成處在全新環境的嬰兒，你開始走路或跑步前，必須學會怎麼站起來。

自我催眠

自我催眠是一種放鬆的技巧，可以讓你避開有意識的推理過程，接受若干訊息，因此是建立新信念或破壞舊信念的最好方法。這種技巧可以幫助你更輕鬆的學習減少損失、逆轉自己、信任直覺，以及提高本身評價的方法。

積極肯定

你從事交易、對市場狀況感到焦慮時，可能把焦慮想法帶進消極循環中，例如，只想到錢，卻不考慮市場結構或市場走勢，最後，你會在意識中動用很多思維能量，進而採取不符合自己最大利益的行動。積極肯定的做法運作方式相同，你可以針對一些特點或性格，按照你希望的方式，進行積極肯定的練習。例如，你可能希望變得更有耐心，等待市場發出行動訊號，藉著肯定「我每天都會比前一天更有耐心」的做法，最後你會變成有耐心的人。換句話說，如果我們把思維能量灌輸在積極肯定的做法中，我們的行為方式就會配合積極肯定的方向，最後，這種肯定思維會變成信念，擁有足以影響行為的能量。

下列積極肯定的想法一旦變成信念，都會擁有很有效的力量，讓你可以在內在環境中利用。

一、所有信念都和現實有關，卻不見得和現實的主要特性有關，我會檢討和質疑信念，在幫助我達成目標方面到底有多少用處。
二、我相信意識會提供我需要知道的所有資訊。
三、我可以改變任何信念，使信念更能幫助我達成快樂、和諧、富裕和增加產出的目標。
四、我相信我可以任意改變我對過去經驗的感覺。

五、我相信我能夠檢討內心的想法。

六、我相信我會知道自己的所有交易信念。

七、除非事實俱在，否則我不會特別重視這些交易信念。

八、我在人生的某個階段裡，選擇了這些信念，視之爲眞理，後來我檢討這些信念時，知道這些信念現在可能不是特別有用，我承認這一點，覺得可以隨心所欲，改變不符合我現有目標的信念。

九、我現在最重要的目標是看出可能牴觸我——長期目標的所有信念。

十、我相信自己可以用很多方法，主動認知這些信念，然後可以輕鬆的放棄這些信念，接納比較符合當前目標的新信念。

十一、我相信改變、擴大認知與安適感，對成長和生存確有必要，我很高興有機會看出舊信念、進而促進成長與擴大認知。

十二、我極爲渴望達成——的目標，因此非常希望清除心中妨礙目標達成的阻礙。

第四部分

如何成為「紀律的交易者」？

當你了解市場行為背後的力量後，可以學會讓市場告訴你該怎麼做，然後學會分辨未受汙染的純粹市場資訊——了解市場資訊開始影響你後，會遭到什麼樣的扭曲。

第十五章

價格波動心理學

交易者是市場最基本的構成因素，請記住：交易者是唯一能夠影響價格、造成價格波動的力量，其他的一切都是次要力量。

本章首先要從最根本的地方、從個別交易者的角度，拆解和分析價格波動的動力和心理學，再擴大解釋範圍，檢討交易者的集體行為。我希望指出：如果你了解交易者行為中固有的心理力量，你只要觀察他們的所作所為，就可以輕鬆判定他們對未來有什麼信念，你就不難預測他們在某些狀況下的下一步行動。

這種看法真正重要的地方是可以幫助你，了解一廂情願的想法和市場波動的可能性之間，的確有所不同。在你你了解市場行為背後的力量後，可以學會讓市場告訴你該怎麼做，然後學會分辨未受汙染的純粹市場資訊——了解市場資訊開始影響你後，會遭到什麼樣的扭曲。

交易者是市場最基本的構成因素，請記住：交易者是唯一能夠影響價格、造成價格波動的力量，其他的一切都是次要力量。市場是怎麼形成的呢？有兩位交易者願意交易，一位想買進、一位想賣出，兩人同意根據某種價格完成交易，這樣就形成了市場。

「最新報價」代表什麼意義呢？它代表兩位交易者同意交易時，一位願意支付另一位願意接受的價格，也反映根據這種價格行動的兩位交易者同意的現值。

「進價」是什麼？就是交易者宣稱他願意買進的價格。「出價」是什麼？就是交易者宣稱他願意賣出的價格。玉於交易者怎麼靠交易賺錢呢？只有兩個方法：一個是用相對低價買進，將來再以高價賣出；另一個是以相對高價賣出，將來再低價買回。

現在我們看看交易廳裡的情況，了解什麼情況會導致價格失衡，也了解為什麼「失衡」會顯示交易者的想法。

九八．五六二五賣出，表示賣方希望高價賣出*。

九八．五三一二五是均價和最新報價。

九八．五買進，表示買方希望低價買進。

因為交易唯一的目標是賺錢，我們因此可以假設交易者進行交易時，不相信自己會虧錢，交易要完成，必須有兩位交易者同意一種價格。然而，從兩位交易者同意交易時開始，兩個人都開始要承受市場風險。換句話說，價格的下一檔變動會讓其中一位交易者變成贏家，另一位變成輸家。因為我們知道兩位交易者都希望賺錢，都不希望虧錢，因此我們可以假設：兩位交易者對於合約的未來價值，抱著完全相反的信念。因此如果兩位交易者要同意一個價格、進行交易，他們對未來的信念必須正好相反，買方相信自己是以相對低價買進，以後可以用相對高價賣出；賣方相信自己是用相對高價賣出，以後可以用相對低價買回。

如果價格的下一檔變動會使其中一位交易者獲利、另一位交易者虧損，我們可以假設兩位交易者都認為自己不是輸家，如果賣方認為下一檔價格會上漲，他為什麼不以更高的價格賣出？同理，買方也是這樣。這是交易遊戲的目標，也是賺錢唯一的方法。基本上，這種情況是兩種對立的力量衝突，雙方都相信自己對未來的看法正確，但只有一方可能獲利，另一方會遭到直接犧牲。

＊債券市場的升降單位是三十二分之一。

如果債券期貨的最新報價為九九．四三七五，怎麼才會漲到九九．四六八七五？很簡單，有些交易者出的買進價格一定比最新報價高，這點表示，和最新報價相比，交易者願意背離低價買進原則，用較高的價格買進，任何交易者願意以高於最新報價的價格買進，或是用較低的價格賣出，都具有非常重大的意義，這樣做有幾個原因。

第一個原因是如果交易者願意買高或賣低，而不是買低賣高，他對未來價值的信念一定比較有信心，即使這種信念是出於恐慌，情況還是一樣。第二、他判斷最新報價是底部。第三、他採取主動，造成每一位以最新報價賣出的人都變成輸家，也加重更低價賣出交易者的虧損。第四、如果其他交易者認為，新價格和未來相比仍然偏低，這位交易者造成的價格波動可能蓄積力量、加大力道。另一方面，賣方情形也一樣，賣方受到可以高價賣出吸引，進入市場，認為自己占到了優勢，他的確是賣到了高價，卻沒有創造對他有利的價格波動和多少動能，他選擇逢高出脫後觀望情況變化，希望價格不再上漲。

從市場的角度來看，兩位交易者的行動代表什麼意義呢？首先，這筆交易告訴我們：沒有人對未來的價值具有夠強的信心，願意冒險用最新報價或較低的價格，把交易標的賣給這位交易者；第二、沒有人積極到願意進場，以最新報價或較低的價格放空，或出脫現有的多頭部位。以下一檔較高價位成交的交易會創造新的均衡，新均衡會造成用最後價位交易的買方變成贏家、賣方變成輸家。

以最後價格或較低價格交易的所有輸家，必須維持對未來價值的信念，才能繼續持有部位，不然就是要加碼，顯示自己對未來價值的信心。會出現這種情形，是因為每一個新價格都會拉高價格，大大提高市場對他們的吸引力。如果他們認為較低水準的價格是高價，價格每次上漲，都是更有利的交易。然而，同時市場每一次向對他們不利的方向波動，都會打消賣方對未來價值的期望，每個波動顯然都指出賣方居於被動，買方居於主動，買方擁有比較大的力量，可以把市場推向對他們有利的方向。

觀察家從買方大力拉抬價格的事實中，可以看出一些事情，看出每一個新價位上的賣方都不夠多，不能應付買方的買進需求。如果賣方的供應有限，交易者想要買進，就必須互相競爭，爭取數量有限的賣方。

光是觀察這種價格波動，你就會知道當下的動能對買方有利，除非賣方比買方少，否則價格不會拉高。如果交易者付出的價格愈來愈高，價格距離舊有的賣方價格會愈來愈遠，最後賣方對未來價值的信念會遭到侵蝕，陸續加入現有的買方陣營，爭奪愈來愈少的賣方。只要買賣雙方的比率一直維持我剛才描述的樣子，價格動能就不太可能向下走。

什麼力量會動搖這種平衡，使市場回跌？原有的買方終於獲利落袋是其中一種力量，原有的買方這樣做時，會加入現有的賣方陣營，賣盤人數會增加。如果價格變動凝聚的力量夠大，情勢可能變成像餵食鯊魚一樣的狂亂景象，最後價格會背離其他交易者認知的相關經濟因素，迫使他們進場，加入方向相反的陣營，如果這些交易者進場的力量夠大，就會造成原有的買方恐慌，下跌動能會因此加重。

你大概可以想像這種來回起伏的樣子，如果投奔交易另一方陣營的賣方超過買方，平衡就會動搖，隨後賣方會積極求售，接受低於最新報價的價格，反應他們認知中買方數量有限的情勢。

所有價格波動都和集體行為息息相關，價格像拔河一樣拉鋸，一方是認為市場會上漲、也期望市場上漲，因此買進的人；另一方是認為市場會下跌，因而賣出的人。

如果兩種力量並非勢均力敵，有一方會主導另一方，價格背離弱勢團體愈來愈遠時，承認錯誤的痛苦會和避免虧損的需要直接衝突。最後大家陸續對自己的部位失去信心，開始平倉，加強占優勢力量一方的動能。

優勢力量會繼續主宰大局，到大家認為價格已經走過頭，已經背離相關因素為止。

占優勢的一方必須反轉多空，軋平部位，為相反方向增添動能。

個人如果沒有足夠的力量，不能把價格推向對自己最有利的方向，就應該退而求其次，學會辨認既有優勢力量的方法，然後加入優勢力量，到多空平衡變化時，再加入建立優勢力量的陣營。

價格起伏拉鋸時，會在價格圖表和點線圖上，產生容易看出來的潮汐和流動，這種圖表會顯示市場力量如何互動、如何產生反作用，會具體呈現交易者對未來的信念，也顯示交易者根據信念採取行動的意願有多強烈。

如果市場一再創新高或創新低，你想判斷市場的下一步走向，那麼你必須問自己下列問題：

一、哪種價格波動會支持買方賺更多錢的信念？

二、賣方何時可能大舉進場？

三、原有的買方什麼時候可能獲利落袋？原有的賣方什麼時候可能對自己的部位失去信心，設法自救？

四、什麼情況會使買方失去信心？什麼情況會吸引新買方進場？

你可以用找出重要參考點的方法，回答這些問題，參考點是買方或賣方可能提高期望的地方，也是走勢不利時，他們可能失望的地方。這一切在大家熟悉的典型市場行為和價格型態中，都表現的很清楚，因此我們要看看這些型態中呈現的心理因素。不過開始研究前，我要再提出幾個定義。

市場行為

市場行為可以定義為個人採取的集體行動，個人根據自己的利益，採取行動，希望從未來的價格波動中獲利，個人同時創造這種波動，表現本身對未來的信念。

個別交易者建倉、抱牢和平倉等三種集體行動，會產生各種行為型態。

交易者為什麼會進場？因為交易者認為自己會賺錢，目前的市況提供交易者用高於或低於平倉價位的價格，進行交易。

交易者為什麼會抱牢部位？因為交易者相信交易仍然有利可圖。

交易者為什麼會平倉？因為交易者認為不再有機會賺錢，市場不可能讓獲利的交易繼續朝有利的方向波動，繼續累積額外的利潤，或是認為和抱牢以便增加額外利潤的可能性相比，要冒的風險太大。如果是虧損的部位，交易者認為，市場走向不可能讓他回本，不然就是到了事前定好的停損價格。

看看價格圖表，你會注意到在一段期間裡，價格會形成非常對稱的型態，這種對稱的價格型態並非偶然，是兩種對立力量之間對抗——交易者較量、選邊、再換邊平倉的具體呈現。

重要參考點

你要在價格圖表上尋找重要的市場參考點，重要參考點的定義是造成交易者提高期望，認為某些事情會發生的狀況，是大量交易者建立相反部位的地方。交易者認為期望會達成，因此繼續維持現有的部位，最重要的是，交易者在期望沒有達成時，可能平倉。

重要參考點是對立力量（對未來抱持對立信念的交易者）依據心中的想法選邊，認定市場會根據非常有限的方式變化，形成非彼即此的狀況。

參考點愈重要，交易者加在價格上的影響愈大，因為這時力量均衡會在兩種對立力量之間劇烈變化。

對市場的期望特別重要，會投射在價格上，因為買賣雙方事前都已經認定市場期望的重要性，有一位交易者建立一種部位，認為市場不會有某種行為，就會有另一位交易者認為市場會有這種行為，因而建立對立的部位。

因此參考點是某種價位，在這種價位上，同一邊的很多交易者非常可能放棄自己對未來的信念，另一邊的交易者會加強對未來的信念。雙方都期望市場在這種價位上，證實他們的信念正確，你可以說，這種價位是交易者對未來的期望和未來實際接觸的地方。

對其中一方來說，這點表示他們認定「市場」會把他們變成贏家，證明他們的信念正確。另一邊的所有交易者會變成輸家，會覺得市場把他們的財富搶走，也會覺得失望。這裡我要指出，「客觀的觀察者」不會在乎自己屬於哪一邊，只想找尋跡象和機會。

交易者的期望愈高，對失望愈不能忍受。從集體的角度來看，如果一大群交易者期望會發生什麼狀況，而這種狀況卻沒有發生，他們就必須反向操作，軋平部位。

另一方面，贏家的信念會得到確認，因此，願意承受交易損失的交易者會愈來愈少，輸家彼此必須競爭供應有限、願意進行反向操作的交易者，進行輸家原來認為會成功的交易。例如，如果買方現在是輸家，就需要其他交易者向他們買進，以便平倉。所有這些活動會造成大量的單向波動。

平衡區

彼得・史帝梅爾（J. Peter Steidlmayer）和凱文・柯伊（Kevin Koy）在《市場與市場邏輯》（*Markets and Market Logic*）這本傑作中，提到「價值區」（value area）的概念，他指出任何一天的交易中，大部分交易活動都呈現正常的常態分配。如果你用價格和時間對應的方式，日復一日的整理交易活動，就很容易看出這種型態。

我不想長篇大論，討論他們整理市場資料的方法，我只想區分他們所說的「價值區」和我所說的「平衡區」，但是我建議你學習他們的方法。史帝梅爾和柯伊說，大部分成交量出現在特定的價格範圍中，因為市場已經確認這個範圍是代表交易標的價值的公平價格。

我想指出的是：大部分交易者和公平價格或價值沒有特別的關係，而是和「舒適與否」有關。他們跟大家一樣，隨波逐流做同樣的事情時，就會覺得舒適。交易者處在平衡區時，基本上是互相吸收別人的單子或能量（他們對未來的信念以能量的形式表現出來）。我說交易者跟舒適有關時，意思是他們感覺到的恐懼通常比較少。大部分交易出現在價值區或平衡區，也就是在已經確立的價格範圍內的中間地帶上下，原因是大多數交易者在這個區域裡覺得最不害怕，這點正是價值區或平衡區外交易較少的原因。就像史帝梅爾和柯伊所說，較少的區外交易代表最好的賺錢機會，是「背離價值的交易」，也是最令人害怕的交易，因為交易者孤軍奮鬥，沒有很多人背書。

有些交易者判斷價值時，會在各種相關合約與現貨市場之間比較，有些交易者是專業的商業交易者，或是從事套利的機構交易者，會根據複雜的數學公式，判定不同交易標的之間的相對現值。其他交易者大都完全不懂價值，市場在某個價格或價格區間停留愈久，市場上的平衡、一致性或舒適感愈高，交易者互相吸收彼此的單子，沒有人願意出較高或較低的價格。

最後，有人和大家看法不同，認為價格可能巨幅波動，開始進場交易，基本上，他們的買賣會打破平衡，如果他們的交易強而有力，就會引發一系列的連鎖反應，促使已經建倉或正在觀察市場、尋找機會的人面對新狀況。

如果情勢對買方有利，可能吸引新買盤進場，創造更大的買進力量和更多的失衡，這可能迫使空頭平倉，平倉需要買進，因此願意進行反向操作的賣盤愈來愈少，空頭必須爭奪供應減少的賣盤，進而把價格愈喊愈高，提高吸引力，吸引賣盤。

這些交易者競相喊價時，通常會忘掉其他人正在密切觀察，不知道可能有交易者掛進大筆避險單，保護投資組合或收成的價值，這種交易者觀察價格波動時，角度和場內交易員完全不同。

場內交易員只關心參與市場，以免錯過價格快速漲跌代表的機會。避險者卻認為價格上漲是意外的禮物，反彈可能讓他為已經持有的部位，鎖定遠超過預期價值的價格。

因此商業交易者決定進行避險交易，你可以假設一位商業交易者認為價格適當時，其他交易者也會這樣想。總之，如果這位避險者認為自己單子太大，大到足以打斷反彈，他會下令場內營業員分價賣出，希望成交最多筆，卻不破壞反彈。

然而，其他場內交易員很快就會查覺真相，知道哪一位場內營業員為大型商業與機構客戶交易，一旦他們發現有「主力」在反彈中賣出，很少人會繼續逆勢買進，沒有人希望困在頭部，因此每當交易者發現誰在賣出時，都會設法賣出，逆轉自己的部位，循環又重新開始。

在交易廳外看這種情形時，會覺得市場瞬間逆轉，但實際上並非如此。逆轉像波浪一樣，隨著有人賣出的資訊傳出而對外擴散，很像把石頭丟進池塘裡產生漣漪一樣。

我從這種情形發現：很少交易者懂得價值觀念，交易者知道價格波動會創造賺錢機會，如果他們不知道自己在做什麼，要賺他們的錢會很容易。如果價格在一定的範圍內盤旋一段期間，交易者在這種平衡區裡會感覺安心，交易起來會更輕鬆。價格脫離平衡區後，願意參與的交易者會減少，因為他們會認為風險超過了他們覺得安心的範圍。

新高價與新低價

最重要的參考點很可能是先前的新高價和新低價。如果價格穩定走高，買方會開始預測價格會不會突破新高價，賣方會預期另一次頭部可能出現。

賣方心想，上次頭部或前幾次頭部是市場碰到強大阻力、停止反彈的時候。換句話說，很多交易者認為，價格漲到上次價位時，已經變得很貴，開始預期會不會再度出現同樣的情形。

買賣雙方都會提高市場會不會創新高的期望，市場接近新高時，要是有人願意唱高價格，突破新高水準，就可能取信觀望的交易者。如果新交易者擁入市場成為買盤，上漲動能就會增加，並可能使舊賣盤平倉，這樣也會增加價格上漲的動能。

支撐與壓力

市場下跌時，支撐就是買盤進場或舊賣盤回補空頭部位的價位，這時會有足夠的力量阻止價格繼續下跌。市場上漲時，壓力是賣盤進場或舊買盤多頭部位平倉力量強大，足以使價格不再繼續上漲的價位。支撐與壓力水準是重要的參考點，因為很多交易者會看圖表上的支撐與壓力，相信其中的意義。

對某些人而言，這種說法似乎是廢話，卻說明和市場本質有關的一個關鍵重點（交易者根據自己對未來價值的信念行動）。所有信念最後都會變成自我實現的預言。要是相信支撐與壓力的交易者夠多，又在這種價位上進行交易，展現自己的信念，實際上就是實現自己對未來的信念。

我們身為觀察者，如果知道每一方（在買賣雙方長期拉鋸戰中）都期望會出現某種狀況，那麼我們就會知道哪一邊會變成贏家、哪一邊會變成輸家，知道他們會有什麼做法，這種做法對雙方力量的消長會有什麼影響。

例如，要是買方拉高買進價格，促使價格上漲，突然間，很多交易者都願意用比最新報價低的價格賣出（或一位交易者掛出大筆賣單），造成價格立刻反轉，行情停止上漲的地方就是壓力。

力量平衡從偏向買方變成偏向賣方的成因其實不重要，每個人對價格反轉的原因都有自己的看法，所有看法通常都過於簡化，而且是最明顯的原因——有夠多的交易者對未來價值的信念，展現出夠強的信心，足以打斷價格上漲動能，同時產生價格下跌動能。

真正重要的是，很多交易者會記得市場在這種價位上反轉，因此這種價位會在經歷這次反轉的交易者心裡，產生某種意義。

第一次反轉的地方是頭部，我們不知道這種價位會不會變成長期頭部、要多久之後才會再度碰到挑戰、到底會不會碰到挑戰。

如果買方的主導力量夠大，足以把市場推升到前波高點，交易者就會把這種第二次嘗試看成測試，開始預期價格是否可能超越前波高點。出現這種情形，唯一的可能是價格上漲吸引額外的交易者進場，站在買方，因為他們認為，這時是和未來相比、以相對低價買進的機會。場內交易員特別清楚新交易者是否受到吸引，根據這種資訊跳進市場，進行交易。

如果上次價格接近這種水準時，市場反轉的力量很大，就會有很多交易者認為，價格很可能再度反轉，突破上次高峰的可能性低落，並且根據這種信念，採取行動，因而阻止價格再創新高。如果認為價格不會創新高的交易者比認為會創新高的交易者多，並且願意根據這種信念行動，價格會再度停止上漲。

從技術面來說，市場測試前波新高或新低失敗，無法突破，你就會看到明確的支撐與壓力區。支撐與壓力在點線圖上最容易看出來，因為支撐與壓力在圖表上，代表反轉時的價格波動，支撐與壓力一旦得到確認，就可以在支撐線與壓力線的任一邊下單，因此交易可能變成很容易。

假設過去兩週內，債券每次反彈到九五·七八一二五，就會大幅下跌到九四·三一二五之類的支撐水準上，這兩種價位就是支撐與壓力區，一般叫做成交區間。這個區間上檔壓力的意義多大，要看價格反彈到九五·七八一二五時，有多少次無法突破而定，下檔支撐的意義多大，要看價格跌到九四·三一二五時，有多少次無法跌破而定。顯然，嘗試和失敗次數愈多，經歷過這些測試和失敗的交易者心中，會愈看重這種價位。

對不偏不倚的觀察家來說，成交區間可能是輕鬆賺錢的機會，行情接近九五．七八一二五時，掛出以九五．六五六二五上下賣出的單子。我們知道市場沒有這麼精確，不希望用最高價位掛出，因為每次市場打算突破時，都會有很多交易者預期這次測試會失敗，會提早賣出，如果你委託以九五．七八一二五賣出，價格可能漲不上去，你的委託不會成交。

你也可以在九五．九六八七五的價位進行停損與反向買進（買進兩種合約），每種情況都不會相同，在這個例子裡，六檔的空間可能不足以判定市場動向，你的目標是要在市場繼續朝對你有利方向波動機率最高的地方下單。如果市場漲到九五．九六八七五，可能仍不足以讓眾多原有賣盤失望，並群起平倉買進，促使價格進一步上漲。

如果壓力水準在交易者心中具有重大意義，使賣出的交易者數量高於願意買進的交易者，這種做法就行得通。市場每次接近這種地方時，交易者會期望市場突破或無法突破，不管是哪一種情形，因此而來的市場波動會變得很大，因為市場的另一邊會失望，如果我們知道什麼事情會讓每一種團體證實信念或失望，我們就可以判定他們可能有什麼行為，對市場平衡會不會有影響。

因為市場在兩點之間，可能展現幾十億種行為組合，支撐與壓力之類的重要參考點可能把這些行為縮小為兩種，在支撐與壓力兩側下單，不管情勢怎麼變化，你都可以從中獲得優勢。

支撐變壓力、壓力變支撐

很多交易者都看過或聽過原有的支撐變成壓力、原有的壓力變成支撐的說法。這點看法十分正確，而且背後有幾個很健全的心理原因。

如果九五．七八一二五的水準變成壓力，原因是有夠多的交易者在這個價位賣出，使這裡變成壓力。事實上，每次市場接近這個價位時，同一批交易者很可能都會賣出。因此每次市場向九五．七八一二五反彈、遭到賣壓時，選擇在這種價位附近賣出的交易者就變成贏家，九五．七八一二五因此在這些贏家心中很重要，後來他們每次操作成功，只會加強他們對這個價位的信念和信心。

現在價格再度向九五．七八一二五反彈——可能是第四次或第五次反彈，這次反彈像上次一樣，會有一群相信這個壓力水準的交易者賣出，只是這一次反彈過程中，買盤的力道非常強勁，而且持續買進到價格突破壓力水準。

所有在壓力水準賣出的交易者現在都必須處理交易虧損問題，有些人會接受小賠退場，有人會堅持下去，希望市場回跌。不管是那種情形，市場都破壞了他們對未來的信念，他們因此吃了大虧，他們過去對九五．七八一二五滿懷信心，現在卻覺得市場背叛他們。

如果市場在反彈幾天後，回跌到九五．七八一二五，上次在九五．七八一二五賣出、認為市場背叛他們的交易者會有什麼舉動？首先，寄望市場回跌的交易者會在價格接近回本時平倉，他們對拿回本錢會極為感激，因此不管是否可能賺到額外利潤，他們都沒有理由繼續維持倉位，他們會變成軋平空頭部位的買盤，對於能夠結束苦難會高興萬分。

原來在行情突破九五．七八一二五停損的交易者，再度看到這個價格時，基於上次用這種價格賣出犯了錯誤，形成痛苦難過，因此不會考慮以這種價位再度賣出。我不是說他們會在這種價位上變成買盤，而是他們很不可能賣出。這一點對市場平衡的整體影響是以九五．七八一二五（原來的壓力）賣出的賣盤會減少，造成市場平衡對買方有利。因此，原來的壓力變成支撐，原來的支撐也基於同樣的原因，變成了壓力。

趨勢與趨勢線

趨勢是在一段期間裡，出現一系列高點與低點愈來愈高，或是出現一系列高點與低點愈來愈低的走勢。趨勢能夠發生作用，是因為在這段期間裡，沒有足夠的賣盤吸收競相進場的買盤，原來以較低價賣出的賣方會為這種買盤加強力道，他們終於失去信心，自行脫困，價格突破他們認定的重要參考點時，他們會大舉買進。

請記住：趨勢和時間息息相關，有人可能把下一檔的漲勢，定義為一檔趨勢，這樣買賣雙方之間的失衡會維持多久？

趨勢上升時，因為買方獲利落袋的緣故，價格會回檔，產生若干反壓，但如果趨勢在正常回檔後繼續上漲，就是告訴你市場上還是沒有足夠的賣盤，不能吸收所有的買盤，也不能產生下跌動能。你看到沿著趨勢前進的市場突破正常型態時，就會知道這種情形已經出現轉變。市場突破趨勢線後，通常會朝著突破的方向繼續發展，原因就在這裡，因為這種情形代表力量平衡中的重大轉變。

經過一段時間後，你會注意到沿著趨勢前進的市場會發展出某種韻律和波動，使柱狀圖上的價格波動看來非常均衡。你不必知道其中的道理，只要注意到這種情形確實存在就夠了。這種律動打破時（市場在高於或低於重要趨勢線的地方交易）是市場力量平衡轉變的良好信號。這時你要問自己，轉變確定、繼續沿著突破方向發展的可能性有多大？

你甚至不必知道問題的答案，只要在最可能確認市場平衡已經改變的地方下單，然後等待市場自行決定。如果你的委託成交，設一停損單，當市場不能證明你的交易是正確的時候就停損。你會問：「什麼才是正確的交易？」我的答案是，價格最可能的波動方向和大勢一致時，就是正確的交易。

高點→回跌→反彈到次高點

我要舉例說明，不論這筆交易多簡單，可行性都有健全的心理因素支持。在這個例子裡，市場屢屢創新高，然後碰到賣壓，賣壓可能是新賣盤大舉進場的結果，也可能是原有的買盤賣出獲利，或兩種情形兼而有之。價格會繼續下跌，到有交易者認為價格低廉，願意採取主動，拉抬價格回升為止。價格接近前波最後一個新高時，買方會開始預期價格是否可能突破，賣方會期望另一個頭部形成。

在兩種情況中，雙方的期望都會提高，如果有買方願意把價格拉到超過前波新高，拉抬到某種重要水準，就會取信在旁邊觀望的人，如果這些人進場，就會使動能增加。有些原來的賣方會承認錯誤，買進平倉，造成上漲動能增加。

然而，如果市場第二次接近新高，賣方重回市場，釋出足夠的力量，使價格無法突破或漲到前波新高，這時情勢會怎麼發展？買方會開始失望。買方會在什麼地方感到失望？在進場的買盤不夠多，不能把價格撐在前波低點時，買方就會真正失望。如果價格跌破這個新低價，就要注意買方會大舉退場，如果每一個人都想賣出，沒有人買進，價格會怎麼走，當然是直線下墜。

大眾的風險忍受度最低，需要最肯定的保證和確認，證明他們的所作所為安全無虞，大眾大舉入市時，就是市場要從多頭轉變成空頭的時候。因此，大眾會成為最後相信行情上漲代表機會來臨的人。如果多頭市場已經持續一段時間，大眾會覺得不得不上車，因為他們會認為別人都已經上車，都已經開始賺錢，因此他們會隨便找一個聽起來最合理、最能夠證明自己認知的理由，開始進場，但實際上，他們對自己的所作所為幾乎毫無所知，但是既然每一個人都這樣做，他們的所作所為當然不可能出錯。

多頭市場要延續下去，必須有新交易者願意付出愈來愈高的價格，持續進場買進，多頭市場延續愈久，已經入市成為參與者的買方人數愈多，還沒有買進的交易者愈少，願意抬高價格的交易者也愈來愈少。原來的買盤顯然希望市場繼續上漲，卻不希望在市場停止上漲時套牢，價格愈漲愈高，他們的利潤愈來愈多時，他們會開始緊張，想實現獲利。

等到大眾開始大舉買進時，專業交易者知道末日接近了，專家怎麼知道這一點？因為專家知道願意入市拉抬價格的人確實有限，可能的買方都已經買進、再也沒有其他買盤的日子總是會來臨。專業交易者就像所有買盤一樣，希望市場無限期上漲，卻也知道這種希望不切實際，因此會在還有若干買盤承接賣單時，開始實現獲利。等到最後一批買盤買進後，市場無力再漲，只好下跌。

大眾會受困，是因為他們在市場仍然有波動潛力時，不願意承擔風險。漲勢要維持，需要吸引愈來愈多的人。美國或世界雖然大，願意買進的人還是只有這麼多而已，最後買方的供應會消失，市場會直線下墜。

專家在這種事情發生前，已經出清所有部位，不過一旦買方的供應消失，專家會爭奪快速減少、碩果僅存的買方，因此專家為了吸引一些人入市，以便自己脫身，出的價格愈來愈低。到了某一個時刻，較低的價格不但不能吸引大家，反而造成大家恐慌。大眾不希望虧損，期望卻非常高，幾乎完全無法忍受失望，他們會進場，唯一的原因是因為入市安全無虞，大眾開始賣出時，市場就開始潰敗。

大家會為自己的行為找一些合理的理由，是因為不希望別人把他們看成不理性又驚慌失措的人。大家恐慌和價格下跌的真正原因只是因為價格不再繼續上漲而已。

第十六章

邁向贏家之路的七個心智修練

當你愈善於交易，就愈容易了解「交易其實只是一場心智遊戲」而已。有時候你不是在和市場作對，而是在和自己作對。

自律只是簡單的心智技巧，其用處是要你集中精神、專注需要學習或執行的事情，以便達成目的。有時候，你會缺少力量，不能有效因應外在環境；有時候，你擁有的力量跟實際狀況和目標衝突，因此，為了達成目標，你必須適應。換句話說，你必須改變自己和環境互動的方法。

要改變行為、改變你體驗環境（感覺和情緒）的方式，你必須改變自己的觀點。要改變觀點，你必須改變推動你認知環境資訊的心智因素。

請記住：你不能控制市場的行為，只能學習控制你對市場的認知，以便和每一位可能的參與者一樣，盡量了解現實狀況（盡量減少曲解）。當你愈善於交易，就愈容易了解「交易其實只是一場心智遊戲」而已。有時候你不是在和市場作對，而是在和自己作對。所有參與造市的其他交易者用他們對未來的不同信念，提供你賺錢機會。如果大家對任何商品或股票的未來價值看法一致，就不會有什麼東西迫使他們抬高或壓低價格，那麼從價格變化中獲利的機會就會消失。因此，市場只是提供個別交易者機會而已，不會替你選擇你可能注意的資料，也一定不會為你解讀你所認知的資料。市場對你還沒有學會分辨，以致不能認知的事情也不負責，市場也不會代你決定交易時機、留在市場上的時間長短、退出市場的時間，或買賣多少口合約。

每位交易者都根據自己的選擇過程得出決定，創造自己的市場經驗。如果你認為這種觀念正確，就表示你絕不會為自己不滿意的結果，怪罪市場。市場對你沒有任何虧欠（不論你多麼努力的追求成功），因為其他交易者也都這樣做，希望賺走你的鈔票。只有你自己要為最後的結果負全責，你愈早接受這種責任（如果你還沒有這樣做），愈容易看出你需要學習什麼技巧，才能和市場更成功的互動。即使你看不出什麼心智因素必須為你的最後結果負責，至少你可以藉著自己要負責的認定，敞開心胸去探求真相。

要成為成功的交易者，你交易時不能有恐懼心理，你已經知道利用恐懼限制自己時，反而會創造自己設法避免的狀況，體驗到恐懼。因為恐懼會迫使你根據「過去」的觀點，看待「現在」，你也不能學習新事物，不論市場當下可能提供什麼機會，你體驗到的東西都是你的過去。你的個人體驗會一再重複，到你改變體驗、學習和體驗新事物時為止。超脫恐懼也是學習預測市場行為最好的方法，交易者愈害怕，看出的可行選擇愈少，行為愈容易預測。你在自己身上看出這種情形，而且設法超脫在恐懼中交易的狀況後，就可以清楚看出別人身上的這種情形。

然而，你需要一些限制力量，以免你魯莽行事。大家覺得無畏無懼時，通常都會魯莽行事，有機會獲得像交易一樣令人興奮的結果時，更是如此。你所需要的限制力量是自我信任，你建立一套交易規則和方針，知道自己不論碰到什麼誘惑，總是會堅決遵守規則時，就會建立這種自我信任。

一旦你信任自己總是會做該做的事情，就沒有什麼事情能夠讓你恐懼，因為市場再也不能因為你沒有適當的因應能力，對你產生影響。因此，你無所恐懼後，就可以毫無扭曲的隨意觀察市場，不需要基於某幾類市場資訊會影響你，就得避免這種資訊。你愈沒有理由避免或扭曲資訊，愈能夠學習市場本質，你學得愈多，愈容易預測市場的下一步變化，如果你能夠精確預測下一步，你愈容易替自己賺更多錢（即使任何心智因素反對你賺更多錢）。

你必須了解：當你學習愈來愈信任自己時，和市場行為有關的新識見會分段出現。我不會傳授「迅速致富」的招術，市場上有很多平地起高樓、轉眼間高樓又倒塌的故事，證明迅速致富根本行不通。如果你沒有保住財富的技巧，迅速致富只會帶來極多的焦慮和挫折，如果你容易犯一次把財富輸光、還要多虧老本的交易錯誤，賺很多錢其實沒有多大意義，一旦你賺到大錢後又虧掉，和一開始必須避免虧損的心理負擔相比，你必須把錢賺回來的心理負擔會變得大多了。交易者必須知道始終遵守規則比賺錢重要，因為如果你不能遵守規則，不管你賺到多少錢，一定都難免輸回去。

你也必須知道在你的了解和識見進步之際，你的規則會跟著改變。很多人不喜歡建立交易規則，因為他們認為規則一旦訂出來，就不能改變。我提供的練習或你選擇遵守的交易規則，只是暫時性的方法和技術，目的是讓你超越某種基本發展階段，自行認清這些東西的價值，知道自己下一步要做什麼才能很成功。事實上，有一個經驗法則，可以判定你是否準備好超越某種規則或練習、面對下一個挑戰，就是判定你是否已經做到你決心要徹底學好的事情，並且把這種事情變成第二天性，不然的話，你還要繼續努力，直到你不必再思考為止。

第一步：聚焦於你要學習的知識

你最優先的任務可能是改變觀點或交易重心。到目前為止，你可能把重心放在賺錢上，如果是這樣，你需要把重心改放在「我需要學習什麼或必須怎麼適應，才能更成功的互動？」上，你需要把重心放在精通達成目標的步驟上，而不是放在最後結果上，你知道最後賺賠的金錢，只是知識和善用知識行動而來的副產品。

專注金錢和專注以交易為練習、希望看出自己需要學習什麼之間，差別極大，專注金錢會使你把重心放在市場讓你賺錢或賠錢上，專注練習和學習，會使你把注意力放在賺錢能力上。如果你抱持第一種觀點，就是要求市場替你承擔部分責任，如果是抱持第二種觀點，就是自己承擔所有責任。

你必須謹記在心：每一刻都完美反映你的發展水準，如果你把不如意的每一刻當成是在犯錯，你通常會切斷每一刻中和你有關的識見。切斷自己和這種資訊的關係，是因為我們通常把犯錯和痛苦聯想在一起，我們會直覺的避免痛苦，這樣也避開了將來在類似環境中更有效互動所需要知道的有關知識。

為了擺脫痛苦和害怕犯錯的心理，我們必須解決自己的錯誤，這樣做可能是重大任務，你現在可能不想處理這個問題，因此你必須建立推論性的架構，把所有交易經驗放進去，這種架構必須明確定義，說明所有經驗都正確無誤、具有意義——錯誤並不存在，只是指引你方向而已。

你是這個架構的一部分，因此你可能需要改變你對錯過機會的定義。除了不能接受虧損外，錯過機會的想法造成的心理傷害最大。在我們心目中，錯過的機會總是會變成完美的交易，因為這種交易只會在心裡出現，任由我們自己想像。因為這種狀況保證沒有缺陷，我們當然會正確因應，問題是我們沒有這樣做，我們感覺到的失落感會難以應付，因此，和我們實際操作的虧損交易相比，這種錯過機會的交易可能造成我們更多的焦慮和壓力。

沒有什麼事情比錯過「完美的」機會還糟糕，「要是我能夠如何如何，我應該就能如何如何，就是這麼簡單」之類的說法，就是代表錯過的機會，你愈快接受這一點，愈能夠盡快利用這種機會，而不是自怨自艾。此外，你其實沒有錯過什麼機會，因為市場總是不斷波動，也會繼續不斷波動，直到每一個人都在價值上得到一致意見為止，只要價格不斷變化，另一個機會總是會出現。

你從錯誤並不存在的角度開始交易時，你會驚訝的發現：如果把結果當成反映當時的自我，你就可以判斷自己需要學習什麼，才會有更好的表現，這時自由的感覺會油然而生。你從自己可能錯過機會的信念中釋出能量時，就不會再有被迫採取行動的感覺，例如不會有被迫太早或太晚進行交易的感覺。換句話說，在只有一個選擇存在的情況下，你會得到額外的選擇（不做什麼事經常是最適當的選擇）。

你必須始終記住：你想從專業交易者身上賺錢，但是專業交易者已經知道怎麼利用本書列出的原則，了解客觀的觀念，知道怎麼在沒有恐懼的情況下正確執行交易。你開始從市場上賺錢，而不是讓市場賺走你的錢之前，也必須學會這些技巧。

因此，我要建議你挪出一部分交易資本，當作學費，應該挪出多少和你需要學多少技巧有關。最重要的是你必須下定決心，接受交易者的教育。即使你已經有多年交易經驗，即使你很成功，卻不如你期望的那麼成功，那麼就請挪出一些交易資金，進行練習，以便學習若干需要的技巧，這代表你學習這種技巧的決心極為堅強。你的決心愈堅強，學習的速度愈快。

第二步：處理虧損

交易規則一

在每一筆可能的交易中，都要事前界定虧損的定義。我說的「事前界定」，意思是判斷市場的樣子或行為，得知交易不再代表機會，或至少在你交易的時間架構裡不再代表機會。

你調整虧損的信念後，虧損的可能性就不會讓你覺得痛苦。成功的交易者虧損後，大都會調整自己的虧損信念，他們體驗過和虧損有關的最可怕恐懼後，才了解如果他們只做該做的事情，那就不需要害怕。應該做什麼事情呢？應該面對犯錯的可能性，進而不逃避無從避免的認賠。因此，面對和接受虧損無可避免的觀念是一種交易技巧，而且對大多數人來說，是經過一番痛苦才學到的技巧，卻是學習交易獲利時所有必須學習事物的基本要素。

少數成功交易者都經歷過痛苦的學習才成功的，但是，你則有機會用相對輕鬆方式學習以實現成功。有兩種心智因素可以幫助你學習這種技巧：第一，是你必須了解面對虧損的可能極為重要的原因，如果你不面對虧損，你會產生恐懼，最後反而創造你努力避免的經驗。你真正了解這個觀念後，就不會再根據避免虧損的舊觀點進行交易。

第二，是你願意改變虧損的定義。你可以利用第十四章談到的「心智練習」，靠思維改變虧損的定義，不必到幾乎虧光一切後，才達到同樣的目的——學會「虧損不會減損個人價值」的觀念。你愈快相信這一點，看出虧損的交易和執行停損會變得愈容易。執行停損的行為和傳統交易策略自動結合後，你的心理就可以利用下一個機會，即使下一個機會和你剛剛擺脫的虧損交易方向相同，依然是這樣。

交易規則二

看出虧損的交易後，要立刻執行停損。事前界定虧損的定義，而且毫不猶豫的執行停損後，你就沒有什麼東西需要考慮、衡量或判斷，從而就沒有什麼東西能夠誘惑你，陷入最後慘劇的可能也不會威脅你。如果你發現自己在考慮、衡量或判斷，你一定是事前沒有訂出虧損的定義，或是看出交易虧損後，沒有立刻執行停損。在這種情況下，如果你沒有採取任何行動，結果交易變成獲利的交易，你會強化一種最後導致慘劇的不當行為；如果你沒有立刻行動，虧損變得更嚴重，你會創造痛苦的負面循環，這種循環一開始，就會難以停下來。

和不控制虧損的錯誤相比，不抓住下一個機會的錯誤，通常沒有那麼嚴重。但是錯過機會後，我們對自己會極為生氣，因而容易犯下其他交易錯誤，例如，聽信另一位交易者的明牌，進行幾乎總是會虧損的交易。

你必須注意：一旦你徹底相信自己的停損能力，你最後會進步到可能不必事先定義虧損。有些交易者變成十分客觀，而且信任自己可以進行交易，不必事前界定虧損的定義，就知道一筆交易會不會虧損。他們會根據自己對各種參與者的綜合認識，以及對價格波動與時間關係的了解，讓市場替他們訂出定義。他們學會信任自己後，還能夠學會跟市場本質有關的知識，是因為他們擴大注意力，涵蓋更多沒有扭曲的資訊，得到更明智的識見。

請記住：恐懼是阻止我們學習新事物的唯一障礙，如果你害怕行為不符合自己的最大利益，你不可能學會和市場行為本質有關的新事物。藉著事前界定「定義」和「停損」，你就可以學習讓獲利增長的最好方法。

第三步：成為一種市場行為的專家

一般說來，我們都相信自己必須做決定時，搜集的相關資訊愈多，做出的決定會愈好。但交易決定不見得如此，剛開始交易生涯時更是如此。大部分市場狀況中通常都有兩種交易者，一種傾向買進，另一種傾向賣出。我們或許也可以說有一種人想買進，希望另一種人擔任交易的另一方，反之亦然。

每一個人都有進行交易活動的理由，也都會產生和參與者數目一樣多又互相衝突的資訊。因為資訊極多，且資訊互相衝突的情形極為嚴重，交易新手應該針對自己願意接觸的資訊數量，訂出特別的限制。資訊愈多不代表愈好，有時只會造成困惑和超載，最後帶來虧損。

一開始時，你接觸的市場資訊應該盡量減少，然後逐漸擴大接觸範圍——你必須變成一種經常重複特定行為型態的專家。要成為專家，你必須選擇能夠辨認一種特定型態的簡單交易系統，最好是機械式系統，不是數學式系統，這樣你處理的東西就是用視覺呈現的市場行為，你的目標是徹底了解這個系統的每一個層面——不同因素之間的所有關係——以及創造交易獲利的能力。同時，你必須避免其他所有可能性與資訊。

在所有可能的走勢中，你只要專注一種走勢，這樣會讓你放棄所有的其他機會。你要從小處做起，逐漸擴大到其他的走勢，這樣做對心理有兩種好處。第一種好處是：你學習精確評估下一步最可能發生的事情時，可以建立信心基礎，如果你不讓市場似乎無窮盡的可能性壓垮，建立信心會容易多了。第二種好處是：放棄你不精通的其他機會時，你可以從強迫性的交易願望中解脫出來，所有強迫行為通常都是某種恐懼的結果，恐懼會進一步害你表現出很多不適當的行為。

如果把不符合架構的機會放棄會讓你覺得困擾，這時你可以問自己到底有什麼好急的？如果你自信會變成成功的交易者，現在為了教育目的，放棄一些機會，可能造成什麼差別嗎？一旦你學會變成你期望中的交易者，你可以隨心所欲，賺很多錢。然而，為了進步到這種階段，你規劃自己的發展時，目標應該是盡量不造成錢財和心理的傷害，等到你培養出適當的技巧，從市場上賺錢可能比所有新手所想像的還容易。

另一方面，如果你害自己傷痕累累，那麼在你交易獲利前，必須先消除這種傷害。因為等到傷害形成後，你學到多少和市場本質有關的知識，或學到多麼善於看出機會，結果都不會有什麼差別。

有很多交易者最後變成市場分析專家，但是，當他們自行交易時，卻賺不到錢，原因就是他們在交易生涯之初，對自己造成了太多傷害。在這種狀況中，交易者的「過去」會造成極多恐懼，以致於不能正確交易，甚至根本無法進行交易，不論他學到多善於預測市場的下一步走勢，結果還是一樣。知道下一步會發生什麼事，卻完全無可奈何是讓人最煩惱的事情。

你必須了解：看出機會的能力和執行交易的能力之間，不會自動產生關係，認知和執行是不同的技巧。如果沒有心智因素從中作梗、妨害執行，兩者的確可以互相合作。否則的話，即使你有「意願」利用你看出來的機會，卻可能得不到內心的支持，以致不能正確執行意願。如果心智障礙妨礙你正確執行交易，那麼學習如何看出較好的機會，還是無法解決問題。

因此，這個練習的目標是協助你變成專家，同時保持健康。當你變成專家後，妨礙你盡量利用認知技巧的障礙會大為減少。如果你已經開始注意好幾個市場，或是在好幾個市場中進行交易，但結果並不成功，或是沒有你期望的那麼成功，那麼我要建議你縮小規模，降到只注意一個市場，頂多只能注意兩個市場。在你徹底了解該市場的特性前，不要擴大戰線。

第四步：學習如何完美執行一種交易系統

正確執行交易是成為成功的交易者最基本的關鍵，很可能也是最不容易學習的事物。看出市場中什麼東西代表機會，的確比根據這種資訊採取行動容易多了。然而，即使我們有很好的理由，說明根據我們看出的交易信號採取行動為什麼這麼難。要了解這些理由，你必須先了解交易系統的本質，也必須了解交易系統、市場和我們三方互動的方式。

不論是技術系統或其他系統，長期來說，優秀的交易系統大多都會替你賺到錢。很多優異的系統已經發售多年，但創造的利潤和每個人的實際成果之間差距極大。交易系統的問題是用有限的方式，界定市場行為，但市場行為卻有無限的組合方式。機械或數學式系統把人類行為特性之間的關係，簡化成代表下一步變化的百分比機率，但人類的行為特性可能有幾十億種，交易系統能夠掌握的特性非常有限，只有若干種。從型態或關係發展的角度來看，過去看出的型態可能再度出現，卻也不一定會重複出現。因此，在型態實際呈現完畢前，不能確知型態是否有效。這裡有一個重大的心理問題，就是大家採取行動時，很難以結果不確定的機會為基礎。

大部分的人都認為自己樂於冒險，但實際上他們卻希望得到確定的結果，只是其中帶有若干短暫的懸疑性，好讓他們覺得結果似乎不確定——短暫的懸疑性會增加興奮因素，使生活不至於變得太無聊。回到現實世界時，沒有人希望交易虧損，沒有人交易時認為交易會虧損，所有交易系統一定都有若干比率的交易虧損，因此我們很難不去猜測系統的哪些部分會造成虧損，應該避而遠之。

大部分讀者已經知道，要明智地猜測自己的交易系統極為困難。系統有時會完全違背你的邏輯和推理，向你發出交易信號。系統偶爾會蔑視你的推理，證明你的邏輯分析是錯誤的；偶爾系統和你的看法一致時，交易卻導致虧損。你必須了解設計技術性交易系統的目的，不是要讓使用者自行猜測。我的意思是系統看來正確時，不是為了要對你發出把握機會的孤立信號。系統的功能是利用數學，針對人類過去集體行為之間的關係，進行界定、量化和分類，再從統計學的角度，告訴你未來很可能有什麼結果。

賭博比交易容易多了，因為賭博是隨機事件，會得到純粹根據統計機率而來的隨機結果。我的意思是如果你冒險賭博，也知道賭博會得到隨機性的結果，你會找不到預測結果的合理方法。因此如果結果不好，你不必為結果負責。

但是在交易上，未來不是隨機性的結果，價格波動，機會和成果都是交易者根據信念、根據自己對未來的期望，進行交易，創造出來的結果。每一位交易者都根據自己的信念進行交易，因此都會影響未來的結果，因為交易者實際上是以集體行動的方式，根據自己對未來的信念，創造未來、創造不完全隨機的結果。除此之外，除非交易者對未來自有定見，知道這種未來情勢對市場有什麼影響，否則交易者何必猜測自己的系統是否有效？

這一點為交易添加了責任因素，純粹隨機事件卻沒有這個因素。責任因素難以避免，責任愈重，交易者自尊受到的考驗愈大，交易任務也因此變得困難多了。交易時太多可能帶來較好成果的事情必須考慮，交易者因此會備受折磨。

此外，你不是在資訊真空中交易，你對未來會有期望，技術性資訊系統卻不會考慮這種期望，因此會在你對未來變化的預測，以及系統對人類行為的純數學預測之間，引發衝突。這正是技術性系統這麼難以利用的原因，我們不會從機率的角度思考，而且我們成長時建構的觀念架構，不會根據數學公式和統計機率的方式，在觀念架構和人類集體行為的預測之間建立關係。

要正確執行交易系統，你必須接受兩個觀念：一是從機率的角度思考；二是在系統的數字或技巧和你的行為之間建立關係。不幸的是，要學會這兩件事，唯一的方法是靠著執行系統、實際體驗，但這樣做會有一個問題，就是一般交易者連續虧損兩、三次後，大都不願繼續利用這種系統，但是系統卻經常出現連續兩、三次認賠。這樣會造成矛盾或兩難，如果你不相信系統，你怎麼可能還會利用這種系統？可是除非你利用系統的時間夠久，讓系統成為你心智結構的一部分，否則你對系統不會有信心。這時就是你應用心智紀律，建立完美執行系統習慣的時候。

練習

你必須從交易資本中撥出一些錢，作為教育基金，購買訂有明確進出時點的簡單交易系統，開始練習。你也要下定決心，完全根據規則，用這個系統進行交易練習。你的決心必須非常堅強，練習如何突破遵守規則時碰到的阻力，不能隨隨便便。

你不見得要買很貴的系統，現有的很多書籍或技術分析中就有這種系統。我認為購買系統勝過自己制訂系統，因為這樣你會比較容易注意練習的目的。如果你用自己設計的系統，你自然會想到賺錢，賺錢是以後的事情，現在是學習正確執行的時候。

你找到的系統必須符合你對認賠的忍受度，你冒險投入每筆交易中的資金，應該是你完全可以忍受的額度，至少一開始交易時應該如此。如果你不是在可以忍受的範圍內，你多少會有一點不安心，會因而結束學習過程。你覺得痛苦，而不是專注市場教你的相關資訊時，你會特別注意能夠減輕痛苦的資訊，學到痛苦的教訓。

你的第一個目標是藉著學習遵守自訂的規則，學會完美執行交易的技巧（完美執行的定義是：一看到機會、包括看到出脫虧損交易的機會，立刻執行交易）。第二個目標是把機率的思維信念納入心智系統中，這樣你會相信如果自己能夠正確執行交易系統，長期而言，系統會替你賺錢。

你可能有很多信念和完美執行交易系統衝突，以下我會提出一些建議，協助你克服這種阻力。

第一，了解這種練習不容易（至少對大部分人如此），因此對自己要寬容，你愈能接受自己的錯誤，愈容易嘗試下一步。如果你的小孩正在學騎自行車，我敢說你不會因為他摔下來，就責罵他，要他別再嘗試。你應該會鼓勵他，最後他應該學會騎車。你對自己應該也要同樣的了解和體貼。

第二，接受系統發出的所有信號，這是唯一的方法讓你得到所需要的第一手經驗、建立和機率結果有關的信念，以確立交易系統和行為之間的關係。即使你心裡抗拒，你還是必須這樣做，經過很長一段時間，好讓系統成為心智結構的一部分。這時習慣的力量會幫助你，鬥爭會結束。你只要盡最大力量，找出改善表現的方法就好了。你隨時必須記住：你現在所做的一切，都比較像是練習，目的是要學習交易紀律和完美執行交易的技巧，長期而言，這一點比你立刻想賺錢的欲望重要多了。因此，練習交易時，合約口數要少，在你學到徹底相信自己「總是能夠果斷做該做的事情」後，就可以增加合約口數。

要繼續練習，到系統變成你的第二天性，或成為身心的一部分為止。你的信心增加後，你會學到更多交易獲利的方法；當你開始賺錢後，信心會提高，這種積極循環會提高你的獲利能力，消極循環卻總是會讓你陷入絕望。

第五步：學習依據機率思考

當你精通比較基本的技巧後，也就是學會和交易環境有效互動所需要的紀律後，就可以開始利用推理技巧和直覺，判定市場的下一步行動。要這樣做必須運用「機率思考法」，這樣說的意思是：如果你一個人不能推動市場，那麼你應該希望看出最可能推動市場的團體，和這個團體交易，不然就是希望判定市場呈現出來的信念當中，有那些信念最普遍、對價格波動會有什麼影響。這種辨認方式需要公平、客觀的眼光，需要觀察和傾聽市場告訴你的事情，而不是專注市場對你展現的行為。

請記住：兩位交易者願意用某種價格交易時，就會形成市場。市場可以表現出人類的最極端行為。例如，你是否說過：「市場不會跌破合約期低點，因為以前從來沒有跌到這麼低過。」如果你根據這個信念，在這麼低的價位買進，那麼你應該考慮一下，只要有一位交易者願意用更低的價格賣出，就證明你錯了，市場會跌到這種低價，證明市場正確無誤。你可以在歷史新低點做空，只要下一位交易者願意以低於一個基點的價格賣出，你就變成賺了一個基點的贏家。

如果價格跌破新低後繼續下跌，應該表示有很多交易者認為價格不會上漲，這些賣盤顯然根據自己的信念行動，力量大到足以勝過買盤。不管賣方用什麼標準，證明自己的行動，不管別人認為這種行動多合理或多不合理，沒有什麼東西能夠改變市場下跌的事實，你相信市場不可能下跌的信念一點也不重要，除非你的交易量大到能夠扭轉趨勢，否則的話，你只能配合或對抗趨勢。

為了幫助你學習配合市場趨勢之道，我列出一些問題，希望協助你把精神放在「當下」，以便判斷和市場有關的資訊是真是假。

❖ 市場此刻告訴我什麼訊息？
❖ 誰在付出較高的價格進出？
❖ 市場上的力量多大？
❖ 市場是否正在累積動能？
❖ 可以用什麼東西衡量動能嗎？
❖ 什麼事情顯示動能正在改變？
❖ 是趨勢走軟還是正常回檔？
❖ 有什麼東西證明這種情形？如果市場先前展現相當對稱的型態，現在型態遭到打亂，就是勢力均衡改變的良好跡象。
❖ 有什麼地方顯示一方明確主導另一方嗎？到了這種地步，另一方可能還要再經過一段時間，才會相信自己是輸家，你願意給他們多少時間，讓他們慌忙平倉？

❖如果他們不忙著平倉，你從中會看出什麼意義？
❖交易者必須相信什麼，才會形成現在這種型態？請記住：大家的信念不會輕易變動，除非是極為失望，失望的原因是期望沒有實現。
❖什麼事物會讓主導力量失望？
❖這種情形發生的可能性有多少？
❖在一筆交易中會找出什麼風險？
❖價格波動的可能性是否足以彌補交易風險？

我們可能永遠不知道交易者會怎麼做，卻可以在某些狀況先發生時，判定交易者可能做什麼。例如，如果交易者打壓價格，使價格跌破前波新低，可能發生什麼狀況？新低的力量是否足以造成多頭的交易者平倉退場？會吸引新空頭進場或現有空頭加碼放空嗎？新空頭可能受到市場吸引，舊空頭可能加碼，如果有夠多的交易者認為價格已經相對便宜，跌勢就會停止，這種參考點可能是某些前波高點或低點。

如果你無法判定任何高點、低點或重要參考點的意義，那麼你必須自問是否值得冒險去找出答案，你在市場明白顯示趨勢和你的交易方向不一致前，會給市場多少空間，讓市場自行說明？

你要問自己：行情應該走到哪個價位，這筆交易才會賺錢？如果行情走到這一價位附近，這筆交易仍然可能賺錢，如果不到這一價位，就背離你的操作方向了。

請記住：市場表明本身動向所需要的價格波動幅度，必須符合你能夠承受的虧損額度，否則不管你認為價格波動幅度可能多大，你都不該交易，除非你可以把上述參考架構，改變為符合你承受可能虧損的能力。

要讓市場自行表明方向，再用你的標準定出機會的定義，找出參考點，在這一點上下兩側下單，進行交易，然後等待市場自行行動。要設法根據市場現況，在你認為非常可能出現大波動前，下單交易。藉著在預期波動前下單的做法，你會學到讓市場替你操作的方法。提前下單也會協助你不自作主張，不受價格波動中隨時都會有的衝突影響。

請記住：因為市場不斷波動，你必須不斷評估當前風險和潛在報酬之間的相對關係。要有效的評估，你必須學習從空手的角度觀察市場，這樣你就可以自由自在，不受必須面對市況、採取適當行動的影響，不必猶豫不決、滿懷希望，祈禱市場證明你的行動正確無誤。

市場不會證明你正確無誤，只有你才能證明自己正確無誤。你看出交易或反向操作的機會後，不能執行交易或猶豫不決的程度，正好反映你心智閉鎖的程度。你必須把猶豫不決或不知所措的時刻紀錄下來，這種時刻清楚反映你的執行能力如何，你需要這種資訊作為建立參考點的依據。

當你打算建倉時，要運用想像力，問自己五分鐘後或明天（根據你的時間架構而定）出現什麼狀況，能夠證明你的交易正確無誤、證實市場趨勢仍然不變；五分鐘後或明天出現的什麼狀況，會顯示情勢和你預期的相反。然後在市場變成這種狀況前，再度在適當的價格上下單交易。

這些問題會不斷的提醒你：任何狀況都可能發生，你必須事前做好準備，面對這些可能性。此外，如果發生了什麼事情，你當然必須想到自己總是會有考慮不周的地方，會有絕對想不到或事前不知道的事情，例如，有多少第一次進場的交易者所擁有的力量，可能足以扭轉方向。

請記住：價格會趨向能量最大的一方（交易者實現他們對未來的信念），換句話說，就是沿著阻力最小的方向前進。重要參考點讓你有機會針對兩種力量的平衡或不平衡，做出可能性很高的評估、判斷可能出現變化的時點和變化對哪一方有利。

學會看出重要參考點後，你可以判斷哪一個團體會根據他們對未來的信念，採取什麼行動，如果你可以從集體的角度，判斷什麼東西可以證實或否定這些信念，你就會知道每一個團體可能有什麼行為。

我希望提醒你：這種方法的目的是要協助你保持客觀，了解價格波動和交易者的行動（表現對未來價值的信念）息息相關。人數最多、信念最強的一方總是正確無誤，賺錢最容易的方法是順勢而為。要看出大勢，你必須超脫群眾，擱置你對相對價值的信念，才能判斷誰可能有什麼行動，行動的力量多大，其他人可能有什麼反應，如果這種情形沒有出現，交易者會有什麼行動？

問這些問題會讓你自動的把注意力放在市場上、放在市場的可能發展上，你對市場行為的任何限制，都會讓你注意不可能發生的事情，而不是注意可能發生的事情。如果你認為，市場會以你內心排斥的方式行動，這種信念會使你把注意力集中在市場對你的影響上，如果市場讓你覺得痛苦，那麼你可能會以痛苦的強迫認知方式，逃避或扭曲資訊。

第六步：學習客觀

要做到客觀，你的行動必須超脫信念，容許任何事物發生，而不是只容許市場以有限方式自我表達。如果你根據任何事物都可能發生的信念行動，那麼不管發生的是什麼事情，都不會威脅你，不會促使你逃避或扭曲某種市場資訊。你加在市場行為的限制會變成補償因素，補償你缺乏信心、不能在任何特定狀況下採取適當行動的缺憾。恐懼、壓力和焦慮就是這種情形的證據，市場的自我表達脫離你的心智限制，你完全無法控制情勢時，你就會有這種感覺。

然而，你對未來的確必須有一些信念或期望，否則你根本不可能開始進行交易。要做到客觀，你必須從「以要求為基礎的期望」解脫開來，進行我所說的「自由評估機率」。我們的日常生活和市場不同，我們可以控制環境，確保我們得到期望得到的結果；我們學會遵守的互動規則正是我們對未來的期望。一旦我們學會這些規則，尤其是在痛苦的情況下學會這些規則時，我們可能要求環境給我們某些結果，因此我們對未來的期望，實際上就是要求環境證實我們對環境的期望。如果我們沒有好好思考這種情形，因為我們天生就有不放棄期望的傾向，我們會把這種要求帶到交易環境中。也就是說，我們會忠於和市場可能性有關的限制性信念，這種信念幾乎就是對市場提出的要求。

如果你懷疑這一點，請你考慮一下：如果我們不要求市場配合我們的期望，那麼市場不配合我們的期望時，我們根本不該生市場的氣。你是否生過市場的氣？生氣是自然的防衛機制，我們生氣時，代表環境用某種方式攻擊我們，在我們的心智環境和外在環境之間產生不平衡。外在環境顯示跟環境和我們有關的事情，我們不想接受時，我們會用生氣自保，對抗這種攻擊。生氣在日常生活中，或許可以讓我們得到想要的東西（改變我們不能接受的外在環境變化），或是讓我們對抗環境所顯示和我們有關、但我們不能接受的事情。

然而，如果我們和市場互動時，採取「以要求為基礎」的態度，或是對市場行為有著堅定不移的信念，我們會排除精確評估市場波動方向所需要的資訊。如果我們不能控制市場，讓市場行為符合我們的期望，同時我們不願放棄期望、接受現狀，又不願意扭曲、改變或排除這種資訊，這樣就會產生互不相容的兩難。認知扭曲是一種補償因素，至少在短期間內，在我們的期望和市場所提供事物之間有落差時，可以矯正其中的失衡。

如果我們對未來的信念堅定不移，我們對市場的認知會受到影響，我們會阻止資訊流入我們的心智系統，以免資訊和我們的信念衝突。

這樣當然會使我們得到的市場資訊減少，認知的資訊大減會害我們脫離市場現實，陷在痛苦的強迫認知當中。要做到客觀，你必須「自由評估機率」。

這樣說只表示你不能執著於任何特定結果，你只是觀察每一個時刻發生的變化，把變化當成顯示下一個可能變化的指標。

我把做到客觀後的感覺列在下面，供你參考，你可以依據這些感覺，判定自己是否已經變得客觀。

❖ 你覺得沒有做任何事情的壓力。

❖ 你沒有恐懼的感覺。

❖ 你沒有遭到拒絕的感覺。

❖ 你沒有對錯的感覺。

❖ 你承認這就是市場要告訴你的事情，就是你要做的事情。

❖ 即使你持有部位，還是可以從幾近空手的角度，觀察市場。

❖ 你不會把注意力放在資金上，而是放在市場結構上。

要保持客觀，你必須盡量多預測各種可能性，盡量多預測這些可能性的機率，然後決定你在每一種狀況中打算怎麼做。如果你預期的情境根本沒有出現，你必須從中脫身，擺脫自己必須正確無誤的心態。

你的評估愈不受限制，愈不可能發生扭曲和體驗痛苦的強迫認知。

第七步：學習監督自己

我在第十四章討論「培養自律性」時說過，你必須開始注意自己的想法和你在意的市場資訊。

交易規則

如果當你建倉後，不斷自問是否有什麼事情「一定會發生」，顯然表示你希望市場配合你的方向，但是我希望你注意你的感覺、注意你多堅持什麼事情一定會發生的程度。

請記住：「發生什麼事情」和「什麼事情一定會發生」之間，差別很大。如果你發現自己的堅持程度升高，你必須不斷的告訴自己，發生任何事情都不是問題，因為你對自己的能力深具信心，知道自己可以適當因應任何事情。

如果你問自己什麼事情不可能發生？市場不可能有哪些行為？你會發現自己為市場行為合理化，以便支持你的部位時，你就是在幻想的天地裡操作，你會害自己陷在痛苦的強迫認知中。

請記住：市場可能表現任何行為，如果你心甘情願，市場甚至會搶走你的獲利。發現交易獲利時，總是應該讓一部分獲利落袋為安。

你還要問自己一個問題，就是「你今天是否準備好要虧錢？」如果答案不是十分肯定，那麼在你開始交易前，必須找出原因。如果你不能解決這個問題，或是不能把這個問題拋開，那麼你在解決它之前，最好不要交易。如果你不顧一切，一定要交易，交易口數至少也要比平常大減。

此外，當你發現自己注意的是交易的金錢價值，而不是注意市場結構時（亦即注意交易對你的現金、夢想、目標有什麼價值，而不是注意市場告訴你的可能走勢），你就應該假設自己正在扭曲或逃避若干資訊，那麼在你變得比較客觀之前，就不該進行交易，現有的交易也應該要停止。

第十七章

結論

若你想靠交易賺更多的錢，就必須找出心中對「攫取最高自我評價」沒有幫助的東西，然後改變或消除這些東西的能量。

即便你已學會本書所述的所有技巧，但有時你可能會發現，交易無非是一種回饋機制，反映出你在任一時刻「喜歡自己」的程度。在你學會信任自己，總是可以採取對自己最有利的行動後，唯一能夠抑制你的事情，是你對自我評價的高低。也就是說，你賺的錢等於你根據某種價值觀認定「自己應該賺到的錢」——你愈是肯定自己，就會有愈多財富以「肯定感覺」的副產品形式，流進你口袋。因此基本上，若你想靠交易賺更多的錢，就必須找出心中對「攫取最高自我評價」沒有幫助的東西，然後改變或消除這些東西的能量。

最高的自我評價是什麼呢？就是專注你需要學習的東西，然後進行必要的研究，如此一來，你的自我評價自然會隨著你的適應意願而提高。

致謝

大部分人可能都知道寫書很難，需要很多人幫忙和支持。我要感謝協助我完成本書的人：謝謝家父、家母和兄弟姐妹的愛心與支持，謝謝交易行為動力公司（Trading Behavior Dynamics）我的合夥人布雷・詹森（Brad Johnson）的耐心和善意，謝謝吉姆・蘇頓（Jim Sutton）、邦尼・馬羅（Bonnie Marlowe）、傑克・伯恩斯坦（Jake Bernstein）、依莉莎白・麥肯錫（Elizabeth McKinsey）、麥克・赫利（Michael Headley）、史帝夫・蘇肯尼克（Steve Sukenik），和傑克・卡爾（Jack Carl）協助我動筆。感謝過去六年和我合作的交易者，尤其是吉姆・葛利斯華（Jim Griswold）、傑利・史塔尼克（Jerry Stahlnecker）、傑克・布拉索（Jack Brassuel）、史帝夫・畢安努奇（Steve Bianucci）、麥克・甘寶（Mike Gamble）和恰克・佩特（Chuck Pettet）的友誼與支持。感謝提姆・史雷特（Tim Slater）賜給我演說和寫作的機會，感謝利奇・米勒（Rich Miller）的支持和友誼，感謝羅利・馬羅（Lori Marlowe）和妮基・馬羅（Nikki Marlowe）帶給我的幸福，最重要的是，感謝我的朋友兼作家科特・李蘭（Kurt Leland）教導我和指引我的一切。

NOTE

by Paula T. Webb

"The Disciplined Trader™" appeared on the scene for the investment industry in 1990 – at which time most traders had never heard of "trading psychology," much less thought they needed a psychological or mental approach toward their trading; because almost all traders believed trading was all about technical analysis. Along with Dr. Van K. Tharp – at the time Mark Douglas and I were the only other two people addressing this much-needed awareness of not only understanding but instilling the unique mindset of a winner at a deep level, as well as providing the specific mental skills needed to become and sustain a successful trading career.

Mark and I met in November of 1984 when he was just beginning to write this book. Some of you may know already; I initially started editing the book from his hand-written legal pads, restaurant napkins and various scraps of paper, and then typed those handwritten notes, creating the book format, into his computer. At that time, Mark could write longhand much faster than he could type! What began as a boss/employee relationship quickly developed into a friendship, then a professional collaboration with our other award-winning books and workshops to follow, culminating into a lifelong love affair, both professionally and personally.

As I have stated to many people over the years, from the day I met Mark, I fell in love with his mind – and the rest is history. He has such a fascinating way of integrating these (at the time) new and abstract concepts into easily understandable skill-sets for traders, and I found that intriguing and inspiring as our work melded and expanded together over the years. We came from different trading perspectives of course – my mindset was as a floor-based (pit) trader and his was based in retail brokerage, but from the beginnings of our collaborations together in 1984 which began with this book, we complimented each other's writing styles, approaches, and overall passion to assist traders in becoming the most successful they can be.

With that said, please do the exercises given in this book, as well as the exercises in our other books as they are key to you achieving the types of results you desire through an updated and improved mindset and skill level, and will be very beneficial to you and your trading. As always, feel free to contact me with any questions, and all the best in your trading!

Paula T. Webb, PhD
www.markdouglas.com
www.paulatwebb.com

紀律的交易者

The Disciplined Trader：Developing Winning Attitudes

作　　者　馬克．道格拉斯（Mark Douglas）、寶拉．T．韋伯（Paula T. Webb）
譯　　者　劉真如
主　　編　李映慧、郭峰吾（四版）

總 編 輯　李映慧
執 行 長　陳旭華

出　　版　大牌出版／遠足文化事業股份有限公司
發　　行　遠足文化事業股份有限公司（讀書共和國出版集團）
地　　址　23141 新北市新店區民權路 108-2 號 9 樓
電　　話　+886- 2- 2218 1417
電子信箱　streamer@bookrep.com.tw

封面設計　萬勝安
排　　版　藍天圖物宣字社
印　　製　通南彩色印刷有限公司
法律顧問　華洋法律事務所　蘇文生律師

定　　價　450 元
初　　版　2011 年 3 月
五　　版　2025 年 9 月

電子書 E-ISBN
9786267766231（EPUB）
9786267766248（PDF）

國家圖書館出版品預行編目（CIP）資料

紀律的交易者：培養贏的態度，成功的交易 80% 靠心理，只有 20% 靠技巧 / 馬克．道格拉斯（Mark Douglas）, 寶拉．T．韋伯（Paula T. Webb）著；劉眞如譯 . -- 五版 . -- 新北市：大牌出版 , 遠足文化事業股份有限公司 , 2025.09
320 面；14.8×21 公分
譯自：The disciplined trader : developing winning attitudes.
ISBN 978-626-7766-22-4（平裝）
1. CST：證券經紀商　2. CST：證券交易所　3. CST：態度

563.558　　114010943